进化密码.

让学习变得轻而易举的学习方法论
快速掌握观察商业社会规律的角度

THE CODE OF EVOLUTION

主体 主体联系 系统
需求 供给 方法

关昊 著

复旦大学出版社

理解虚拟概念的深度
决定了你在这个不确定的商业社会中的生存概率

为学者慧，辨声色，纠缠于七情六欲
故大慧者大伪，慧者知其能为而为，此乃外王
为道者钝，兼大爱，混沌于无为无知
故大道者弃智，道者明知不可为而为，此为内圣
入世需慧，出世需道，无慧无以践道，无道无以脱苦
众生皆苦
何以脱苦
唯有修行

前　言

　　本书写给在目前迭代速度越来越快的商业社会中焦虑而且脆弱的人。

　　商业社会的变化速度太快，信息传播的速度和方式也发生了极大的变化，导致身在这个社会中的人感受到了环境变化对于自身能力增长的压力。在方向一致的过度竞争之中的恐惧和落后感导致了目前商业社会中普遍的焦虑感。

　　焦虑感是来自外部环境和自身能力之间的差距。

　　因为商业社会的竞争越来越趋于底层，商业模式的演变趋势是未来几乎所有的企业相互都是竞争对手，导致身在这个社会中的人面临的竞争压力往往来自完全不确定的新生业务的降维攻击。人们在流变的商业社会之中普遍感到无力把握方向，这种无力导致了目前商业社会中普遍的脆弱感。

　　脆弱感是来自面对竞争压力根本无从适应的茫然。

　　因为这是目前所有商业社会人都面临的环境性和普适性的问题，所以没有人能逃脱焦虑感和脆弱感，只要你参与了这个商业社会的博弈，这就是不可避免的结果。

为了解决焦虑感和脆弱感的问题，我们每天学习很多种方法，每一个方法貌似都是有用的，但是我们会发现在现实生活中真的遇到问题的时候，往往却使用不了这些方法。

所以最可怕的是，在目前的商业社会中，我们面临的挑战已经不是面对不同的问题，使用不同的正确方法；而是每天面对一个相同的问题，但却需要使用不同的方法。让大家非常恐惧的真正的原因是，单纯地学习方法是没有作用的。

这就使得我们需要一种能够更好地适应商业社会信息膨胀的学习方法论，来降低外部环境和自身能力之间的延迟和差距，从而减缓焦虑感；我们需要一种深刻的商业社会观察角度来适应跨界竞争的环境，通过更底层的观察来找到未来的通途，确定自己的方向，从而缓解脆弱感。

这种学习方法论必然是以一种动态变化的形式出现。只有做到这一点，才能说这种方法论在较长的一段时间内是适应变化环境的。

这种观察角度的来源一定是来自这种学习方法论。只有做到了这一点，才能避免感知和处理数据过程中信息和知识的失真和遗漏，从而为将来的商业决策服务。

把一件事情说明白，总是从两个层面进行交流：从道和术的层面，从理论和实践的层面，从知和行的层面。所以这本书将会分成两个部分：第一个部分将会详细地介绍一种学习方法论，学习方法论是为了更好地帮助读者提高对数据、信息和知识的掌握熟练度，提高吸收新的数据、信息和知识的效能；第二个部分将会介绍根据这种学习方法论衍生出来的一种观察商业社会的角度，无论是创业者还是职场人士，通过掌握这种观察角度能够有效帮助其完成对于复杂商业社会的洞察，拓展读者在进行模式创新和业务拓展中思考的深度和范围。

本书的主要目的是为了通过这种学习方法论来帮助个体构建自己的认知体系，通过个体认知体系的不断演变和迭代，使其在商业社会中生存的概率得到极大的提升。这种认知体系的不断演变和迭代，是学习者自身进化的一个过程，个体通过这种进化过程来增强自己的竞争能力。

因此这本书的名字是《进化密码》，这是几乎所有在商业社会中生存和竞争的人都应该掌握的一本书。

目前已经有非常丰富的课程和书籍帮助个体完成初阶及中阶的学习，但是几乎没有成熟的课程和书籍来帮助个体完成高阶的学习。

本书的出现是针对高阶学习进行的理论证明和方法论阐明的尝试。爱因斯坦说过："教育的价值不在于记住多少事实，而是训练大脑会思考。"对于人类而言，保持学习的态度和学会正确的学习方法才是推动人类进步的知识进化源泉。

在正式通过本书介绍这种学习方法论和观察角度之前，笔者在教学培训和咨询投资领域的十余年工作经历中，进行了大量的对社会个体和商业个体的观察，社会个体的样本量覆盖了几乎所有行业和职能，样本量的年龄跨度达到三十余年。这套学习方法论和观察商业社会的角度通过这些个体实践的反馈，不断进行效果验证和内容修正，最终得以和读者见面。

目　录

第一部分　学习方法论

第一章　有效学习　　　　　　　　　05
　　学习的过程　　　　　　　　　　　07
　　学习的客体　　　　　　　　　　　12
　　学习的主体　　　　　　　　　　　24
　　学习的意义　　　　　　　　　　　36

第二章　认知系统　　　　　　　　　40
　　主体、主体联系、系统　　　　　　41
　　并列、递进、因果、相关　　　　　45
　　关于格局　　　　　　　　　　　　59
　　关于顿悟　　　　　　　　　　　　68

第三章　系统进化　　　　　　　　　81
　　物竞自择　　　　　　　　　　　　82
　　进化方向　　　　　　　　　　　　89
　　芥子·须弥　　　　　　　　　　　94

第二部分 观察角度

第四章 需求 — 110
- 需求的特征 — 113
- 观察需求的方法 — 142
- 满足需求的要点 — 161

第五章 供给 — 176
- 匠心精神 — 185
- 互联网精神 — 190
- 组织创新精神 — 194

第六章 方法 — 201
- 定义问题 — 204
- 解决问题 — 223
- 忍受问题 — 237

后记 — 244

Part 1

学习方法论

THE CODE OF EVOLUTION 进化密码.

让学习变得轻而易举的学习方法论

Part 1 学习方法论

01

有效学习

学习的过程……07
学习的客体……12
学习的主体……24
学习的意义……36

02

认知系统

主体、主体联系、系统……41
并列、递进、因果、相关……45
关于格局……59
关于顿悟……68

03

系统进化

物竞自择……82
进化方向……89
芥子·须弥……94

阅读提示

可以直接从第二部分开始具体观察角度学习

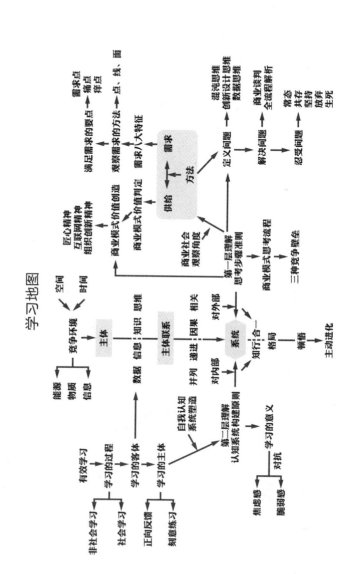

第一章
有效学习

学习这种事情,每一位读者在进入社会之前,已经经历了一个漫长的过程。

对于绝大多数人而言,学习的目的是掌握一套共同的认知基础,通过这些认知基础来达到和周边人交流和沟通的目的,从而提高合作的效率。在提升财富创造效率的同时,满足自己作为一个社会经济人的需求。

当然,学习对于一些人而言,是为了进行新的学习而做准备,通过掌握在某一些学科或者交叉学科的知识,在人类认知的边缘进行疯狂的探索,直到最后输出了一些新的知识。这些人的学习是为了别人的学习而存在的。

对于任何一个行为而言,一定有主体和客体(对象),有使得主体和客体之间发生联系的过程。

所以,研究一个行为,要从这个行为涉及的主体、客体和过程三个角度进行剖析,通过这三个角度的实施效率来评价这种行为是否有效。

学习的过程

学习的过程

凯文·拉兰德（Kevin N. Laland）在《未完成的进化》一书中提及，在人类文明延续和传承中，学习有两种过程：一种是"社会学习"，另一种是"非社会学习"。

"社会学习"是指在社会和群落中的个体通过模拟其他个体的行为，启动身体的镜像神经系统来进行类模仿产生的学习；"非社会学习"是指在社会和群落中的个体通过与周围环境互动，通过反复的实验来解决新难题，在学习的过程中不是借助于观察他者。

采用两种学习方式的哪一种，主要是取决于学习行为给个体带来的回报。这两种学习方式在何时更有益和更有效率，要看不同的环境，但是整体而言，"在保持平衡的基础上，社会学习和非社会学习这两种策略具有同样的适用性"。也就是说，在个体的生存和繁衍方面，两者具有同等效果。

"非社会学习"过程的精髓，其实是体现在对作为研究对象的事物的反复观察，通过在具体时空条件下的过程输入和结果输出的反复记录，归纳得到一些在特定条件下反复出现的规律，再将这类规律所适用的范围进行演绎，从而预测和验证这类事物在类似时空条件下发展和变化的必然性，这种必然性很有可能会极大提升人类的劳动效率。

"归纳和演绎是人类真正站立起来的原因"

上述学习过程在中国被称呼为"格物致知",在西方社会被称呼为"哲科思维"。能够比较系统地说明这种学习过程的具体实践方法,是诺贝尔经济学奖获得者奥斯特罗姆(Elinor Ostrom,中文名"欧玲")进行社会学方面研究时,在《公共事物的治理之道:集体行动制度的演进》中提出的"知识、框架、理论、假设、案例、模型"。

奥斯特罗姆将自己的学习过程划分为六个阶段,下文将这六个阶段结合实践教学进行了简化说明,以利于读者迅速地吸收和掌握。

第一步:知识

首先,可以从不同的书中得到不同的知识要点,而阅读的方式有很多种,略读是个很有趣的方法。读书最重要的是先读大纲,然后按照大纲的逻辑进行阅读,在不重要的理论推导章节可以很快地掠过。获得不同领域的知识点的重要性在于理解,而不是背诵。但是,对一些关键词要重点记忆,例如:帕累托改革、阿罗不可能定理。对学科中引领关键变革的人物的主要思想,也要熟练记忆背诵。

第二步:框架

这步是非常重要的,而且需要反复的训练才有可能非常熟练地掌握。初期,你可以训练自己找到两个知识点的逻辑关系,证明这两个知识点是否存在递推、承接、并列、因果等逻辑关系；熟练地掌握这个技巧后，可以尝试进行多个知识点的训练，然后尝试将不同的知识点通过逻辑关系嵌入一个框架中。

第三步：理论

将各类理论引证到自己的框架中，利用各种已经存在的理论证明自己框架构建的关键节点都是有据可信的。这个阶段是帮助自己进一步梳理框架的过程。一个严密的框架中所有推演的部分都需要现存理论的支撑。

第四步：假设

这步是最难的，要看在框架的基础上衍生出新的内容和理论的可能，这需要自己提出一些假设。

第五步：案例

需要不断地收集案例，把案例放在框架中，按照框架中的分类或者结构对案例进行解析，通过解析的过程对自己提出的假设进行验证，进行正相关的检验。然后，在这个基础上对第四步提出的假设进行补充、修改甚至是合并，最后形成自己的真假设。

第六步：模型

将自己框架衍生出来的真假设进行新的框架化，新的框架就是模型。模型可以针对一类问题的发展方向进行过去解释和趋势判断，到这步就实现了完全的创新。

但很有意思的是，凯文·拉兰德通过对于不同动物群落和人类文明社会传承的保真度和传承效率的观察，以及对于人类知识共享以及技术迭代改进过程的记录，发现：通过观察其他个体直接开展的模拟行为,其在学习中的作用远远超出我们的想象。在某种意义上而言,绝大多数人达到可以适应社会化大分工生产的认知水平,是通过长期观察身边的个体(例如父母、同学、同事等)完成的。

尤其是在长期教学中,对于绝大多数人的认知是通过"社会学习"过程来完成的理解就更为深刻。虽然"非社会学习"能够极大地促进一个人在未知领域的拓展,但是从生物学而言,一个成年男性一天消耗的能量在1800~2200千卡路里①,大脑虽然只占人体整体质量的2%,但却需要消耗人体所摄取的能量的30%。所以,人类在思考和学习的过程中,即使已经掌握了"非社会学习"的方法和步骤,但是在进行信息处理和常规学习的时候,仍然倾向于不借助较为复杂的非社会学习的过程,而是尽量将学习的过程碎片化来进行简单的模拟,通过这种方式来降低学习过程的强度。

通常来说,降低人类各种行为的能量消耗,是人类在食物匮乏的环境下自我保护的进化特征。这就是很多人即使掌握了很多道理,但是仍然过不好一生的原因。

"大脑生存第一原则:能不动的时候就不动"

本书作者根据在教学中对于社会个体样本的观察,也倾向于认同这个观点。非常多的学生完成了认知水平跃迁的过程,

---

① 1卡路里约等于4.1859焦耳。

这个过程中对于学生影响最大的、相关性最高的因素是学生所处群体的环境和学生的平均水平。而且非常有意义的现象是，绝大多数社会个体在没有完成认知水平超出社会平均水平的阶段时，往往更不倾向于使用"非社会学习"，因为这样的学习过程消耗能量较大，而且回报并不确定。但是，当社会个体对群体中其他个体进行模仿时，如果这个群体的整体认知水平较高，超出了社会平均水平，那么该个体会更加倾向于进一步使用"非社会学习"来完成认知水平的进步和发展。

从这些学习过程理论和个体实践观察中可以得到以下结论：即使信息传播的方式方法不断变化，人和人之间进行直接模拟的学习方式也是不可被取代的，形成场域后的群体互动和教学是不可能被线上的教学完全取代的。

在信息的传递过程中，个体的仪态所包含的信息量占到了整体信息量的 58%。至少在完全的虚拟科技没有出现之前，个体进行学习时，要兼容这两种方式，尤其要重视高频接触人群的认知水平。较高的周边认知水平能够有效地帮助个体较快实现认识水平跃迁。

> 俞敏洪在一次演讲中曾经提及，他强迫公司高层领导通过饭局的方式，接触不同领域中认知水平较高的人士，从而有效地完成认知水平的提升。

根据笔者十余年来观察社会个体认知水平变化的经验总结，从学习过程的角度而言，关于有效学习建议如下：

（1）多去参加一些高质量的行业峰会和各类知识分享会；

（2）观察认知水平较高个体的语气和神态；

（3）勇敢地建立和这些认知水平较高个体的个人联系；

（4）管理好自己的信息输出水平和频次，使得其他个体愿意跟你分享自己的信息；

（5）持续地观察和学习高水平个体处理信息和解决问题的方法；

（6）建立私有场域，来进一步增加自己对高认知能力人士的模仿时间。

"请高手吃饭，是最有效的学习过程"

学习的客体

人类至今为止，决定了整体群落中个体差异的是个体决策准确性的累积效应。换句话来说，就是个体的自我决策差异性导致了群体博弈后利益分配的不平衡，不平衡的结果是人类财富和权利分配的现况。

当然，这个结论是比较狭义的，决定某一个个体在整个社会竞争链中的财富资源和权利地位的要素，其实并不完全是个体决策的成功，例如社会和国家的区域性、个体所属家庭和组织的差异性都会影响个体最后的竞争地位。中国的古老智慧对于个体如何提高自己在社会竞争链中的财富资源和权利地位，是这样总结的：

"一命二运三风水四积阴德五读书,六名七相八拜神九交贵人十养生"

从个体的行为而言,个体决策导致的结果,是他会在本来所处的层面进行跃迁或是下沉。如果抛开命、运、风水、积德等个体层面带有神秘色彩的不可控要素,读书是改变个体生存地位的最有效方法。因为读书或者说学习,能够有效提高个体的决策水平,而长期的个体决策结果的累积效应,最后导致了很多具有相同初始环境和资源的个体,在社会资源和权利的掌握程度上的差异性结果。

"学习是改变个体竞争地位的最可控通途"

决策准确性来自两个方面:一个方面是掌握更多更加准确的信息;另一个方面是对于信息处理的过程更加科学客观。与之对应,个体提升决策的准确性也有两个方法:一个方法是尽最大可能收集可靠准确、具有垄断性的信息;另一个方法是训练强化处理信息输入后进行处理的自我程序。

通过收集可靠准确、具有垄断性的信息产生出商业模式创新或者是财富增值的案例有很多。《世界是平的》是美国经济学家托马斯·弗里德曼(Thomas L. Friedman)的一部经济学著作。这本书的观点是:随着经济欠发达地区的经济增长,那些在经济发达地区已经被验证成功的商业模式必然会随之出现而且取得成功。

> 孙正义的"时光机理论"是指：从将来看现在，从经济发达地区看经济欠发达地区，通过在经济欠发达地区投资那些在经济发达地区已经出现的产品和行业，从而获得超额的利润回报的规律。

但是，这样的方式已经很难再复制了。这是因为，人类获得信息的成本已经极其低廉，甚至是免费的，绝大多数信息都已经不再具有垄断性。从2008年美国兴起团购模式企业Groupon后，到2011年5月，中国国内的团购网站已有五千余家，信息的垄断性正在丧失。

当然，还是存在很多垄断性信息，这些垄断性信息能够极大提升决策者的决策准确性，但是这些垄断信息的获得行为，却往往是个体在竞争链中的现实状况的结果。一般而言，个体获得超出竞争链地位的垄断性信息的概率是极低的。

从某种意义上而言，即使个体在自身的原始环境层面上进行了大量的正确决策，也往往无法产生在竞争链上的地位的极大跃迁。因为竞争链地位跃迁的要素除了决策本身的质量，原始资源的丰富度也是非常关键的。

因此，绝大多数个体努力的方向，都在于尽可能收集较为全面的公开性信息，然后训练强化自我处理信息输入后进行处理的程序。

为了更好地沿着这个方向展开讨论，我们首先要定义什么是信息。严格来说，社会个体每一天接触到的信息是分成三个层面的：数据、信息和知识。

所谓数据，是指约定俗成的关键词，对客观事物的数量、属性、位置及其相互关系进行抽象表示，以适合在这个领域中用人工或自然的方式进行保存、传递和处理。

通过数据来描述一个客观事物和客观事物的关系，形成有逻辑的数据流，就被称为信息。

人类对信息用归纳、演绎、比较等手段进行挖掘，使其有价值的部分沉淀下来，并与已存在的人类知识体系相结合，这部分有价值的信息就转变成知识。

> "7℃"是数据
> "北京今天的气温是7℃"是信息
> "在北京今天不穿一件毛衫会失温导致生病"是知识

人类对于数据、信息和知识的贪婪，源于人类利用数据、信息和知识提高决策准确度所产生的价值。人类学习的客体在很长的一段时间内就是数据、信息和知识，通过丰富的数据、信息和知识来为个体决策进行服务。

今天的社会发生了很大的变化。

人类社会的第一次工业革命的动力源泉在于蒸汽机的发明，使得人力得到了解放。这一次工业革命的主要特征是机械化。

第二次工业革命的动力源泉在于电磁转换效应的发现，使得能量之间能够自由地转变形式。这一次工业革命的主要特点是电气化。

这两次工业革命后,人类物质产品的极大丰富也衍生出了大量新的企业和商业模式。这个时期所有商业模式的本质可以总结为:

在时间和空间维度上,进行物质和能量的转变。

> 进行物质与物质之间的转变,例如电冰箱制造行业,将液态的水转变为固态的冰。
>
> 进行能量与能量之间的转变,例如电灯制造行业,将电能转化为光能和热能。
>
> 进行物质与能量之间的转变,例如汽车制造行业,将石油转变为动能。

如果说要评出人类社会有史以来最伟大的发明,那么应该是轮子。正是轮子的出现使得直线反复运动和曲径圆周运动能够相互转化,这种转化使得人类能够充分利用已经存在的各类能源和物质。

非常有意思的是,人类通过仿生学在各类技术的发明和改进上获得了很多灵感,但是无论如何复杂的生物也没有在自体组织内进化出轮子这类装置。轮子是人类在生物社会取得竞争优势的最伟大发明。

在第二次工业革命之后,人类的第二个伟大发明是手机。

手机的出现使人类获得数据、信息和知识的方式突破了原有时间和空间的限制,人们可以随时随地得到自己关心和想要的数据、信息和知识。手机出现后,即时获得数据、信息和知识几乎是免费的。

虽然目前对于人类的第三次和第四次工业革命的定义和范式尚有异议，但是，总体而言，自动化和智能化是第三次和第四次工业革命的标志性特点。手机的出现导致了人类商业模式中除了"物质"和"能量"这两大要素，"信息"也成为重要的参与者。

创新理论之父熊彼特认为，所谓创新就是要"建立一种新的生产函数"，把一种从来没有过的关于生产要素和生产条件的"新组合"引入生产体系中去。当今时代出现的商业模式创新和新企业的本质被总结为：利用信息来提高能量和物质的转换效率并突破转换的时空限制。

在2000年前后，据说当时咨询公司给各类跨国企业的统一咨询方案就是："到中国去"。因为在中国能够利用日渐成熟的产业制造链，将产品的成本降低到消费者无法拒绝的程度。

当手机硬件普及率达到一定程度后，目前几乎所有新的商业模式都是在已经存在的物质、能量转换的商业模式的基础上，利用信息来进一步提升生产效率。

> "手机打车"这种商业模式创新，原有的司机和乘客都存在，通过手机软件的方式更有效地提升双方链接的效率，从而实现行业整体红利增长。
>
> "手机外卖"这种商业模式创新，原有的餐饮提供者和消费者都存在，通过手机软件的方式进一步提升双方信息的对称性，从而实现行业整体红利增长。

如果说目前还有一个类似"到中国去"的企业增长秘诀，那么就是"信息化"。当然，这里的信息化的含义是广义的。利用数据、信息和知识来更有效地提升原来商业模式的效率，是所有企业实现增长和创新的奥秘。

在教育行业中存在一个现象：对一名老师的课程效果的评价是非常定性而且不确定的。课程之后的受众评价不仅较为主观，而且受众也只能将一堂完整的课程作为最小的评价主体。因为评价本身就不客观，而且评价的维度是整个课程，所以老师利用受众评价进行教学产品的修正和调整往往是无效的。

现在，新的教育课程中已经出现了大量的数据收集系统，利用摄像机和人脸识别技术，可以全程跟踪受众的投入程度和理解程度，并且精确地到时间轴上的每几分钟，告知老师对于什么时间段的内容做什么维度上的改变和调整。这就是利用信息化提高传统行业的效率的例子。

在餐饮行业同样也存在这个问题。餐饮行业是一个非常长尾化、碎片化的行业。餐饮行业的长尾化在很大程度上是由餐饮行业需求的本质决定的：很少有人愿意长期重复吃一个菜式。当然，还有一个很重要的原因：传统餐饮行业只能进行单店评估，单店评估后对于单店成功的元素很难进行总结，而在餐饮行业中，选址、服务、客源、产品都有可能对于餐饮店的营收产生很大的影响。

火锅行业在中式餐饮行业中占比最大，是因为火锅是中式餐饮中产品最容易标准化的。目前餐饮企业已经开始学会利用摄像等信息收集技术，对单店的评估具化到了每一张桌子的摆放和设置、不同客人对不同菜品的偏好，从而更有效地进行营销活动来提高用户的到店频次。这就是利用信息化提高传统行业的效率的又一个例子。

1986年8月25日，北京时间11时11分，由当时任高能物理所ALEPH组组长的吴为民发出了中国的第一封电子邮件，开启了中国互联网发展的序幕。

中国的信息化产业从浏览器产业开始，到门户网站产业、信息搜索产业、电子广告产业、电子商务产业，再到社交软件产业、OTO产业，经历了7次信息产业的迭代变化。

当信息化的载体从PC端过渡到了手机移动端后，中国的信息化产业又重新开始了这7次信息产业的迭代变化。

中国的信息化产业在三十四年的时间历程中完成了14次产业迭代，平均而言，信息化产业的迭代变化周期大概仅有3年左右。现在所有的产业都是围绕信息化的内核进行效率提升和创新，内核的变化周期规律决定了所有外延产业的变化周期会产生相同的趋势，即使非常传统的能源行业和制造行业的变化周期都已经被极大地缩短。

产业周期的缩短，导致了今天绝大多数社会个体为了获取所需的数据、信息和知识，需要不断地进行同步迭代和更新。从某种意义上而言，目前的商业社会中的个体一旦放弃学习达到3年的时间，就已经是文盲。

这就是我们所处的时代：整个商业社会由于底层信息技术和硬件的改变，随之产生的信息和知识是海量的，是爆破性增长的，是人力所不能覆盖的。信息产业是所有行业商业模式的变化核心要素,从而迫使人类利用信息的方式也必须随之变化。

> 亚里士多德作为一位百科全书式的科学家,几乎对每个学科都做出了贡献。他的写作涉及伦理学、形而上学、心理学、经济学、神学、政治学、修辞学、自然科学、教育学、诗歌、风俗,以及雅典法律。

这样的时代已经一去不返了,现在人类面临的是终身学习。数据、信息和知识在不断地迭代,今天人类面对的是高度分化的数据、信息和知识,海量的数据、信息和知识不可能被人类某个个体全部掌握。

所以,人类的有效学习从学习的客体而言,掌握足够多的数据、信息和知识已经不是有效充分的条件。虽然掌握较多的数据、信息和知识能够提升决策的正确概率,但是海量的数据、信息和知识导致学习领域和区块的随机性极高,这些数据、信息和知识在决策过程中被唤醒和使用的随机性也就极大地提高。也就是说,目前有效的学习并不是从单纯地堆砌大量的数据、信息和知识数量着手,后者的效率是极其低下的。

"读了很多书,却什么也记不起来"

英语中的 ideology 是"思想"的意思,这是一个复合词,由 idea 和 logic 两个单词复合而成。这个单词其实就指出了有效学习客体的构成：具体的数据、信息和知识都是可以和别人分享的一个想法（idea），但是只有掌握了这些数据、信息和知识之间的逻辑联系（logic），才能说是思想。

> 爱因斯坦是 20 世纪最伟大的科学家。自从他的相对论问世后，世界上不少名牌大学都争着请他讲演。
>
> 有一次，爱因斯坦又去讲演，他的司机说："博士，您的关于相对论的讲演，我至少听过 30 次，已经背得滚瓜烂熟。我敢打赌，我也能上讲台！"
>
> 爱因斯坦一口答应，说："好，给一次机会你试试。反正这所大学没有人认识我，到那里我扮作司机，你假冒我去讲演吧！"
>
> 在讲台上，司机果然一字不漏地背出了爱因斯坦的讲演，而且还相当流利。当他走下讲台，不想被一位教授拦住，请教一道难题。这样的难题，司机连听也未听过，根本无法回答。他灵机一动，说："这样简单的问题，连我的司机也能回答，想不到你竟拿来问我！"
>
> 爱因斯坦听了，立即上前解答，但他始终没有暴露自己的身份，司机非常敬佩他。在归途中，司机对他说："事实证明，我只能当司机，而你才是真正的大科学家。"

掌握了足够多的数据、信息和知识，但是没有掌握这些数据、信息和知识之间的逻辑关系，并不能从本质上提升社会个体面临问题时提供解决方案和做出决策的有效性和全面性。

进化密码

在研究有效学习的学习客体层面，很多人开始转向如何掌握与处理数据、信息和知识之间的逻辑关系。人类对于处理问题的时候需要的数据、信息和知识之间的逻辑关系进行了相似性的归类，这些归类被提炼出来，称为思维方式。

数据
信息 ➡ 思维 ➡ 数据
知识　　　　　信息
　　　　　　　知识

数据、信息、知识与思维

> 蓝斯登原则：在你往上爬的时候，一定要保持梯子的整洁，否则你下来时可能会滑倒。
>
> 点评：进退有度，才不至进退维谷；宠辱皆忘，方可以宠辱不惊。
>
> 卢维斯定理：谦虚不是把自己想得很糟，而是完全不想自己。
>
> 点评：如果把自己想得太好，就很容易将别人想得很糟。

目前一些主流培训课程也注意到了，数据、信息和知识之间的逻辑关系，也就是思维方式，似乎是更有效的学习客体对象。例如，近期某知名课程的主要构架是48种处理不同数据、信息和知识之间逻辑关系的思维方式。

但是，通过对社会个体学习过程的观察，我们发现，思维的学习对于绝对多数人而言是无效的。这是因为——

我们目前面临的决策问题，不是在不同的时间、不同的地点、不同的环境，面对不同的问题，采取不同的方法；

我们面临的决策问题,是在相同的地点和相同的环境,面对相同的问题,却发现在不同的时间,需要采用不同的方法。

在考虑是否开除一名员工的时候,过去的方法是考虑这名员工的绩效、组织的框架和企业发展方向。将这些信息组合起来后,采取相对应的处理方法。这些处理方式形成的规则,被总结为在这个环境和地点处理这类问题的思维方式。

但是,随着时代的发展,在相同的企业和环境下,我们发现开除一名员工的决策行为不能像以前一样,仅仅关注员工的绩效、组织的框架、企业发展方向这些信息,而是需要增加关注员工心理状态、财务状况、社会舆论导向、劳动保护、行业竞争态势等相关的信息。这就是说,在相同的地点和环境下,我们面临相同的决策问题,而采用的方法却需要截然不同。

我们遇到问题进行决策的时候,问题之前的问题是:这个问题是一个什么问题?

界定问题往往比具体地得到解决问题的方法更加重要。准确地界定一个问题所处的范畴,才能有效地利用已经通过类似问题归纳和推演得出的思维方式来处理这个问题所涉及的数据、信息和知识,这样决策成功的概率是极高的。

"改变这个世界的从来都是问题而不是答案"

即使学习了很多的思维方式,但是我们首先遇到的问题是"我们不能确定这个问题是什么"。在我们没有清晰地找出问题、界定问题之前,盲目地使用某种思维方式来处理数据、信息和知识之间的逻辑关系,决策的正确性必然不会太高。

有效学习的客体不能局限于"数据""信息""知识"的堆砌,简单的"思维"学习并不能帮助我们界定问题。我们否定了传统的学习客体对象,那么,还有哪些为了提高决策的成功概率而进行的有效学习的对象?我们将会在下一章展开论述。

学习的主体

在学习中,学习的主体展现出了什么样的心理行为?这样的心理行为如何影响了学习的有效性?在这个领域中,研究的角度和观察的方式有很多。本书在这一章并不从系统的实验设计出发,而是在大量的教学培训和投资咨询工作中从观察的层面,对于社会个体进行现象上的总结阐述。

社会个体之所以能够持续开展某一个行为,是因为社会个体在完成这个行为的过程中具有反馈闭环。当然,反馈具有正向和负向反馈两种形式:完成一个行为如果是为了得到奖励或者增益则属于正向反馈;如果是为了避免惩戒或者损失则属于负向反馈。

巴甫洛夫通过狗的行为实验证明了:在一定的刺激情境中,如果动物的某种反应的后果能满足它的某种需要(获得奖赏或逃避惩罚),则以后它的这种反应出现的概率就会提高。在这种反应过程中,经过多次的尝试错误与偶然成功,情景与反应动作之间建立了联系,形成了条件反射。其中,有机体的行为被作为获得奖赏(或逃避惩罚)的工具或手段,故称"工具性条件反射",又称"操作性条件反射"。

巴甫洛夫的狗帮助他发现了"巴甫洛夫条件反射",他因此得了诺贝尔奖。这些狗在20世纪20年代的列宁格勒(今名圣彼得堡)洪水期间,由于关在笼子里,几乎被淹死。巴甫洛夫发现这些狗的行为在洪水退去后发生了很大变化,例如对洪水前喜欢的训练师也变得冷漠了。

接下来,巴甫洛夫重复了这种极端洪水环境,不停地给狗施加极端压力,直到这些狗因为极端的生存压力而精神崩溃,然后巴甫洛夫再对它们进行精神上的修复,最后,巴甫洛夫发现的结论如下:

(1) 可分类预测某只狗有多容易产生精神崩溃;

(2) 最不容易精神崩溃的狗也最不容易复原至崩溃前的状态;

(3) 任何一只狗都会产生精神崩溃;

(4) 精神崩溃的狗只有被重新施加压力才能恢复正常。

"人是一种有意识的社会性动物"

当然,我们并不能简单地从狗的行为类推到人的行为。不过,观察社会个体的学习行为,我们会发现,确实存在行为需要持续刺激反馈才能保持的现象,没有一个社会个体是例外。

信息传播的速度和方式的变化,导致身在这个社会中的人都感受到了外部环境变化对于自身能力增长的压力,这种压力导致了目前商业社会中普遍的焦虑感。这种外部环境和自身能力之间的差距造成的焦虑感,是社会个体不断进行学习的主要动因,这是一种典型的对学习行为的负反馈。

"如果放弃学习,就会被社会淘汰"

借助微信朋友圈等信息公开输出工具,笔者可以在很长的时间内对参与学习和培训的个体进行观察。非常有意思的是,绝大多数社会个体在完成了集中的非社会学习和社会学习之后的一定时间内,认知水平并没有发生任何变化,在处理数据、信息和知识之间的逻辑关系的时候停留在和学习前一样的水平。

"每周读一本书,还是和以前一样无知"

也就是说,绝大多数个体在进行学习的过程中,在一定的时间内,并不会因为学习而得到任何的增益,不会因为学习而提高决策正确的概率,在学习中得不到任何的正向反馈。

在学习中很难得到正反馈,而负反馈作为周边的环境压力,时时刻刻存在,导致很多学习主体会采取"欺骗性学习"来对抗负反馈。这种欺骗性学习的主要特征为:将学习高度碎片化,或者是阅读信息量极少的书籍。

获得数据、信息和知识是一个单纯的输入过程,这种过程的耗能是较少的。将不同的数据、信息和知识之间的逻辑关系构建起来,进而利用它来具体地应对一个问题或者解释一个现象,这种输出的过程耗能会极大地增加。将学习高度碎片化的后果就是仅仅完成了一个耗能极低的输入过程,通过这种输入过程完成了学习主体借助学习过程来对抗焦虑感的需求。但是,因为缺乏构建逻辑的掌握过程,所以这种学习停留在了数据、信息和知识的离散状态,对于将来决策使用和问题解决的帮助并不大。

"每天听15分钟微课,本质上和听段子没有任何区别"

还有一种隐蔽性极强的欺骗性学习,就是阅读信息量极少的书籍。市面上的某些畅销书籍存在一个很隐蔽的特征:在整本书中仅仅论述了一个简单的观点,但是在文中反复强调和重复。通过这种撰写方式极大地降低了学习者的能耗,但是能够满足造成学习者对于掌握新信息的满足感,甚至在阅读到后半部分的时候,学习者会产生关于这个简单观点的"心理禀赋"效应,从而极大了缓解了学习者的焦虑感。

"我只相信我相信的事情"

所以,在学习的过程中,仅仅依托负反馈并不能从本质上解决学习行为的心理刺激动因问题,而很容易产生学习者的自我欺骗。建立学习者的正向反馈就显得格外重要。

学习的正向反馈是指通过学习能够提升处理数据、信息和知识之间逻辑关系的水平,更好地解释事物的过去和预测未来的发展趋势，通过以上的能力提升促使决策正确的概率提升，并通过决策正确的概率提升增加在竞争中获得的资源和权利。这种正向反馈在笔者长达十余年的对社会个体样本的观察中确实存在。但是对于不同的社会个体，这种能力提升出现的时间节点在不同的个体身上差异性很大，而且这种能力的提升不是线性的，而是阶梯式的。

在中国的学习文化中有一个词："悟道"。虽然中国的传统文化讲究"信而好古，述而不作"，但还是有很多人因为在学习的过程中体验到了这种心理上和能力上的跃迁性突变，所以对于"悟道"这个词有很多不同的诠释。这些诠释的共同点是强调了在实现跃迁性突变的过程中是非常痛苦的，这个突变发生的时间是不确定的，而且实现这个突变的个体差异是非常大的。

对立统一规律、质量互变规律和否定之否定规律是唯物辩证法的三大规律。在学习过程中能力的发展呈现出跃迁性的规律，是符合质量互变的哲学规律的。无论是释迦牟尼在菩提树下，还是王阳明在龙场石窟，在某一个不能预测的时间点，学习者完成了这样的能力跃迁。

在对社会个体学习历程的观察中，笔者发现确实存在很多这样的个体体验：

——在学习语言的过程中，存在对于语言掌握能力的突破：在使用外语交流的时候，突然不再进行母语和外语之间释义的转换。

——在即兴演讲的过程中，存在快速建立逻辑框架能力的突破：在试图说明一件事情或者达成合作的时候，能够快速找到沟通的底层共同认知。

——在学科学习的过程中,存在建立不同学科之间底层联系能力的突破:能够使用其他学科来解释本学科的现象,通过其他学科的规律来提出本学科的假设。

当个体完成了这样的能力跃迁后,因为学习得到的能力跃迁能够帮助个体获得更多的资源,在竞争中获得更好的地位,所以个体产生了对于学习的真正主动性的"巴甫洛夫条件反射",这种反射使得个体能够忍受能耗极高的学习过程,等待这种学习带来的能力跃迁,以及能力跃迁之后的再跃迁。有效学习实现的数据、信息和知识的联结越是复杂,消耗的能量越是大,对于学习主体而言痛苦程度也就越高。在没有形成正向反馈的时候,个体放弃学习的概率是极高的。

"越是痛苦的学习,越是有效果"

在对大量社会个体学习过程的观察中,笔者发现了个体在学习过程的不同阶段中需要不同反馈效果的现象。

绝大多数个体在进入学习过程的初期,由于学习是一种耗能行为,所以个体很难在收益不确定的情况下持续地开展学习,也就是说,个体往往是由负循环进入学习的过程,这样的过程并不持久。

但是,也经常会发现某些个体突然具有了能够忍受痛苦,以及忍受痛苦后期待回报的心理状态,这种具备了延迟享受能力的个体在后期的学习中会实现正向循环,而正向循环会有效地激发个体忍受更大的痛苦的能力,从而能够承受能耗更大的学习行为,这样个体就进入了主动学习的区间。

在教育学中,观察个体的这种突变行为是极其重要的,试图找到这类个体行为的动因被称为"锚点"。可以大量在个体之间进行复制的心理锚点就是教育行业最核心的教育内容;使不同的差异个体能够有规律地快速成长才是具有价值的。

"有教无类,因材施教"

在教育培训工作中,笔者观察到非常多的个体进入了主动学习区间。其中,能够说明个体如何进入主动学习区间的最为典例的案例如下:

案例一

一名本科毕业三年的女生,从事枯燥、没有创造性的行政工作。她尝试考取一所知名院校的工商管理硕士研究生来摆脱目前生活的枯燥。

经过他人的鼓励后,她开始了备考。在备考课程的面试阶段,对于如何评价案例、如何开展自己的职业生涯等系统性问题,即使在老师的帮助和启发下,对数据、信息和知识层面的逻辑关联掌握得仍然不好,无法很顺利地完成公开演讲或谈判等密集型信息处理的工作。

但是,她最后还是被录取了。在被录取后还没有进入知名院校学习之前,她积极参与了该院校的毕业典礼的筹办工作，并在筹办工作中突然具有了极强的计划、组织、协调和沟通的能力，成为该院校当年毕业典礼筹备组的组长。

这样的转变的动因不可能是由于该院校的课程的影响，因为当时她还没有进入院校学习，经过询问后发现，她在备考课程之后，并没有参加其他的学习，在这期间其周边的人际交往群体也没有发生什么变化。

询问其转变的原因，该女生的回答是：因为接到了该校的录取通知书，所以就以该校的水平来要求自己的行为。

其后，持续观察该女生的职场表现和内容输出近五年时间后发现，她已经具有极强的自我学习动因和观察事物本质的能力。

案例二

某男生在外资公司工作，一直缺乏公开演讲的技能，上台后会高度紧张，并因此错失了很多职业上的潜在升迁机会。

他试图通过工商管理硕士课程来改变自己。在完成了备考面试课程后，由于自身经济原因，他又放弃了继续攻读工商管理硕士学位的想法。

但是，他试图解决的公开演讲问题还是没有得到解决。笔者给他的建议是：可以在非正式的私域场合进行自己的分享。

此后，他组织并完成了在一些私下场合的分享，得到了周围人的高度认可。在完成了几次私下场合的分享后,他突然克服了上台公开演讲的心理障碍。

笔者持续观察该学生的朋友圈和言论输出达六年,发现其后来的输出具有极强的见地,对于交叉学科知识的引用和规律外延的演绎有很好的内容,已经转型成了所在行业的专业教练。

这两个案例中,个体共同的动因就是在进入主动学习区间的时候,有一个非常典型的正向反馈刺激。这种正向反馈刺激具有较强的物证或者人证,使得个体进入正向自我强化的心理刺激循环,这就是这些个体学习行为产生转变的"锚点"。

个体一旦进入学习的正反馈区间,会有较大概率出现延时享受的心理特征,从而进入能耗较高的持续学习中。在现实生活中,一个人越是通过学习提升了竞争链中的竞争地位,其行为越是表现为持续投入学习,而且这种心理特征会导致其对其他延迟享受的行为(例如马拉松、健身、素食等)的投入度增加。

"科比喜欢看凌晨四点的洛杉矶,因为他享受在你头顶上暴扣的感觉"

个体如果进入学习的负反馈区间,即使是持续学习,也极有可能会采用欺骗性的学习方式。现在有很多碎片化的教育产品和游戏产品,就是为了满足已经无法忍受痛苦心理历程的个体的需要。这些产品都尝试在 15 分钟内就完成个体的心理历程，得到所谓的正向激励。但是，这种正向激励对于提升个体在真实世界中的竞争能力没有什么用处，而且极大地损害了个体延迟享受的能力，导致个体持续地在负反馈区间开展学习行为。

从对这些案例的观察和分析中，我们其实不难看出：成功的企业家和沉醉于《王者荣耀》的"宅男"，在本质上是非常相似的，只是在其开始职业竞争的初期有一个非常偶然的因素，导致其分别进入了正向反馈区间和负向反馈区间。

这个偶然的因素就是：首先成功了一次，而且被大家认可了。

 "失败并不是总是成功之母，至少第一次应该先成功"

因此，对于个体而言，在踏上持续的学习旅途之前，应该有计划地给自己设定一个小目标。这个小目标必须能够有效地得到周边人或者组织的认可，最好是有一定的荣誉奖励或者证书予以证明的。总之，这个小目标是在学习者的"最接近能力区间"之内。

苏联心理学家维果茨基（Lev Vygotsky）在研究儿童能力成长的时候，首先提出了"最接近能力区间"的概念。儿童不会因为反复地做同一件事情而得到能力的增长，儿童也会因为做超出其能力范围太远的事情而很容易沮丧或放弃。在儿童现有的能力之上，但是又不超出现有能力太多，儿童通过努力完成该项任务或者挑战的成功概率并不是很低的能力区间，就被称为"最接近能力区间"。

在领导学针对领导者和被领导者之间合作效率提升的研究中，也使用了"最接近能力区间"来测度下属员工的工作效率和决策正确性。亨特（Andy Hunt）在《程序员的思维修炼：开发潜能认知的九堂课》一书中谈到了一个领导力模型：德雷福斯模型。该模型将下属的认知过程分成了五个阶段，领导者应针对被领导者的认知区间进行有针对性的辅导并布置任务。

- **阶段一**：新手→将任务拆解成若干个小任务
  布置工作的时候一个一个布置，给予即时的反馈和赞赏，鼓励其总结问题背后的症结。
- **阶段二**：高级新手→布置其熟练领域的工作时不需要干涉，但是在布置新领域的工作时要询问其想要使用的方案，可以适度让其犯错，来提升其分析问题的能力。
- **阶段三**：胜任者→信任其解决问题的主动性
  充分授权并给予支持，但是需要经常与其沟通公司层面的愿景、使命、价值观，确保其领导方向和公司一致。
- **阶段四**：精通者→给予其合适的领域。
- **阶段五**：专家→给予其合适的领域。

德雷福斯模型

当然，个体在进入正向循环之后，虽然仍很积极地开展学习等能耗行为，但是也很容易陶醉于自我满足的心理虚荣世界，因为其构建的数据、信息和知识的逻辑体系能够有效地帮助其应对在生存中遇到的挑战和问题，所以其对这种逻辑体系深信不疑。这样的个体很难进行更深层面的逻辑思考，而且还会抗拒其逻辑体系不能解释的新的数据、信息和知识。

当外界环境变化到一定程度的时候，其个体的逻辑体系并没有随之变化,所以该个体的逻辑体系一定会在某个时间点由于决策的失误而崩溃。在这个时候,这一个体才会思考更加底层的逻辑关系,而对于自己原有的认知怀疑的结果,就是需要更多的数据、信息和知识的逻辑联结来解释自己的失败,从而跃迁到个体学习中的下一个层面。个体会不断重复这个过程,通过重新构建逻辑体系来应对更加复杂的问题和局面来验证自己的认知,然后在下一次失败之后,迎接个体学习的下一次跃迁。个体正是通过学习实现了阶梯认知连续跃迁,从而获得了极强的社会竞争能力。

"没有失败,就不会产生认知上的跃迁"

古者富贵而名摩灭,不可胜记,唯倜傥非常之人称焉。盖文王拘而演《周易》;仲尼厄而作《春秋》;屈原放逐,乃赋《离骚》;左丘失明,厥有《国语》;孙子膑脚,《兵法》修列;不韦迁蜀,世传《吕览》;韩非囚秦,《说难》《孤愤》;《诗》三百篇,大底圣贤发愤之所为作也。

总结来说,个体在学习的历程中,如果能够持续地获得阶梯性的跃迁,需要首先成功一次,然后失败,然后再成功、再失败,然后再成功……这样的学习过程符合唯物辩证法的否定之否定规律。

"成功、失败、成功、失败、成功……"

学习的意义

在上面的论述中,为了研究学习行为是否有效,已经从学习过程、学习客体(对象)和学习主体三个角度进行了剖析。

总结来说,有效的学习行为应该具有以下特征:

(1)能够采用社交行为来接近、模拟和镜像认知水平超越自己的人,从而快速提升自我认知水平。

(2)能够界定自己的"最接近能力区间",为自己设定一个小目标来使得自己进入学习的正向循环区间。

(3)能够通过正向循环区间的心理特征,为自己构建延迟享受的能力。

(4)能够尝试将已经掌握的数据、信息和知识按照一定的逻辑关系进行组合。

(5)能够尝试使用这一逻辑体系去应对身边的问题和挑战,进入实证校验的阶段。

(6)能够正确认识到自己构建的逻辑体系在问题解决方面的不全面性和缺陷,从而进入下一个更加底层的逻辑关系体系中。

当然,在这些特征之外,我们在分析学习客体的时候,还有一个巨大的疑问:我们学习的对象不是完全的"数据、信息、知识"的堆砌,也无法穷举一切"思维",那么有效学习的对象还有什么?我们在回答了这个问题后,将会对有效学习的特征进行重新整理和补充。

在我们回答这个疑问之前,有一个非常关键的前置问题:为什么个体要不断地进行有效学习?

这个问题的答案看起来显而易见,因为学习能够有效地提升个体决策的准确性,从而有助于个体获得更多的资源,提高在竞争链中的地位,确保具有生存优势。

"生活不止眼前的苟且,还有诗和远方的田野"

有人说,人类生存的终极奥义是为了追求幸福。《人类简史》作者尤瓦尔·赫拉利(Yuval Noah Harari)对人类发展的历程进行了回顾,无处不流露出对于人类原始社会幸福感的追求。复杂的组织形态能够更加有效地连接个体从而形成更加有效率的竞争体,这样的竞争体在面对形态较为松散的群落组织时具有不可抗拒的竞争优势。

但是,在更加复杂的组织形态中,组织对于人的控制也日趋严苛,生存在复杂组织结构下的人的痛苦度是日渐增加的。可能正是因为看到了人类在历史上不断发展,但是人类的痛苦却与日俱增,所以尤瓦尔·赫拉利才会对原始社会的生活充满了无限憧憬。

所以,不断地进行有效学习这件事情,往往并不能让个体产生真正的幸福感。他们必须不断地有效提升对于数据、信息和知识的利用水平,找到其间的逻辑关系并进行组合,来应对不确定的社会中的复杂问题。在有效学习的过程中,个体需要不断地通过解决问题来验证自己学习的有效性。当然,在解决问题或者帮助别人解决问题的时候，个体也获得了越来越丰富的资源和越来越多的权利。随着认知水平的不断提高，个体需要不断去解决比以前更加复杂的问题，做出更加难以判断的决策，来获得更加难以得到的资源和权利。在有效学习的过程中，个体不断地对自己的认识水平进行跃迁提高，但是却往往越来越痛苦，因为个体面对的问题的复杂性总是要超越其能力区间。

"能力越大，责任越大"

渐渐地，个体随着不断的认知水平的跃迁，发现了这个问题，于是就会想要追求生命的真正的含义。这个时候，个体开始进行一些无用的学习，这些无用的知识只是一些个体自己认可的道理或者其对世界本质的探讨。个体在认知到这些道理并将这些道理内化于自己的认知体系后，将会不再用利己的心态来面对这个世界，而是渐渐开始有了利他的胸怀。这个时候，其个体的决策并不是把利益和资源放在首位，所以在其他个体的眼中，这样的行为看起来非常愚钝。进入这一学习区间的个体显得并不是很有智慧，这些个体会坚持做一些看起来完全不可行的决策而导致自己的损失，但是这些个体在这样的学习过程中其实获得了幸福感。

在对社会个体的观察中，笔者发现：很多已经有了基本生活保障的个体在学习的时候，会进入追求极致简单道理的层面。但是，如果没有基本的物质保障，进入追求极致简单道理的层面获得幸福感其实并不是一件可行的事情，毕竟生存是每一个社会个体都需要面对的首要问题。

> "为学者慧，辨声色，纠缠于七情六欲
> 故大慧者大伪，慧者知其能为而为，此乃外王
> 为道者钝，兼大爱，混沌于无为无知
> 故大道者弃智，道者明知不可为而为，此为内圣
> 入世需慧，出世需道，无慧无以践道，无道无以脱苦"

第二章
认知系统

主体、主体联系、系统

在回答我们究竟还要针对什么样的对象学习之前，让我们一起来看笔者的一个故事，也正是这个故事让笔者开始探讨什么才是真正的有效学习，并且将这种有效学习的方法论在教育和咨询的领域进行传播和验证。

奚洁人教授是笔者的博士生导师，他在给笔者上课的时候，第一堂课是要求阅读毛泽东同志的《纪念白求恩》《为人民服务》《愚公移山》，并且表达自己对于这三篇文章的看法。

初接到这个作业有点轻视：一来这三篇文章本来就属于初高中的课程；二来文章的字数也不是很多。但是细思下来又觉得这个任务很是艰巨，因为文章的字数本来就不多，而且文章的主旨也非常清晰明显，如何表达自己的看法而又要跳出框架，达到一定的水平，就成为一个难题。

以《愚公移山》为例：笔者从《愚公移山》的背景、任务、目标入手；然后分析为了达到这样的目标所采用的文章结构和用词；再分析这样的结构和用词与文章受众的结合特征；最后说明这样一种宣传工作的方式方法对于我们目前工作的借鉴意义。对于这样的四步法，我当时的自我感觉还是比较良好的。

但是，奚老师在课程中对我的发言内容不置可否。他首先让我观察文章中有哪些主体（愚公、山、作者），然后让我论述这些主体有什么特征、产生了什么现象；再让我回答这些主体之间有什么联系；最后询问我这些主体联系在一起是如何为工作服务的。也就是说，奚老师更关注思考的步骤和方式，而不是具体的内容，这一点对笔者的冲击非常深刻。

主体之间的联系

其实，在完成了课程后，在较长的时间内，笔者仍然没有非常清楚这堂课的内容。直到在一年后，在作者完成了很多交叉学科的学习后，突然在进行"神经心理学"学科学习的时候，顿悟到奚老师这堂课的真正含义。所以，同样的数据、信息和知识在不同认识层面的解读是完全不一样的，而解读的深度极有可能影响决策的准确性。

这个故事的第一层面理解，是在说适用于社会中任何一个行业和领域中的任何一个问题的思考步骤准则：

（1）找到需要解决的问题或者决策方案中涉及的主体，将这些主体罗列出来后，把握这些主体的特征和现状，针对单个主体发展的规律和未来趋势进行分析。

（2）观察这些主体的联系，找到这些主体之间的相关性和因果性，以及并列和递进关系。

（3）将这些主体通过以上的关系联结组合起来，就形成了问题的决策系统，将解决方案或者决策决定作为一个新的主体引入这个系统中，预测这个系统会如何变化和发展。

（4）通过这个系统变化和发展的结果，可以验证问题解决方案或者决策决定的正确性。

让我们回到第一章中关于开除员工的案例。同样的一个决策：开除或者不开除这名员工，在相同的地点、相同的环境下，在不同的时间，同样的措施产生的结果却是截然不同的。这是因为：在不同的时间，虽然是同样的问题，但涉及的利益主体变化了，这些利益主体的特征和趋势也变化了。

这就是现在的商业企业面临的主要问题：它们需要在相同的地点和相同的环境中面对相同的问题，却发现自己不得不在不同的时间采用不同的方法。

在生物学中，存在一种生物系统的特征，被称为"突现"。突现的含义是整体（总体）的特征不可能（理论上也如此）由构成整体的部分来推断得出，即使对每一部分的特征已完全研究清楚时也是如此。这种特征在生物系统中首先被发现，而几乎所有随着时间变化的事物，此后都被发现存在这种特征，尤其是作为较为复杂组合主体的事物，这种特征就更为明显。

"水的特征无法通过氢和氧的性质推断出来"

科学学中的"整体论"强调高等级层次的单位大于其部分之和，因此整体分解为它的组成部分时总会遗留下未分解的残存物。也就是说，不是所有的问题都能够通过解释性的"还原论"

来说明，也不是所有的复杂问题都能拆解为小问题来进行把握，从而得到复杂问题的真实特征和趋势的。整体论强调了每个层次的问题的独立性，尤其强调关系（relationships）。在我们观察复杂商业社会问题的时候，决不能将其拆解为市场问题、产品问题、人力资源问题，然后从每一个角度来提供解决方案，而是要将这个问题视为一个整体，重新再构整体的主体以及主体之间的联系，最后从一个系统的角度来掌握其特征和趋势。

让我们再看一个案例：2019 年"66 万某品牌汽车漏油"的企业危机公关事件。车企对于新车交付后的质量问题，其实是有一套标准的处理流程的。这个标准的处理流程就是考虑了所涉及的利益主体的所有可能性后，对于车企而言最佳的解决方案。车企在重复处理这样的问题的时候，按照这样的处理流程，此前从来没有出现过重大危机事件，所以这个解决方案是切实可行的。

但是，在信息化的社会中，面对同样的问题，车企的决策系统中出现了一个此前从来不需要关注的主体。这个主体就是能够帮助消费者发声并极快传播的渠道（抖音），而且这个渠道具有自己的利益，它需要这些社会热点来增加自己的商业价值。原来的消费者利益主体和这样的传播渠道结合在一起，导致的结果就是原有的解决方案完全不适用于新的决策系统，错误决策后的系统崩溃的结果就是该车企面临一次重大危机事件。

当前商业社会确实存在一些在能源等物质层面有所创新的

行业，例如新能源汽车行业、页岩气行业。但是，这些行业从诞生的那一天起就将信息元素紧密地结合在其商业模式中，更不用说目前绝大多数的新商业模式，都是将信息元素和原有的企业商务模式进行融合。商业模式中变化和迭代速度最快的元素决定了商业模式整体的变化和迭代速度。信息元素从物理层面来看是硅元素，服从摩尔定律的增长规律；从应用层面来看是排列组合，服从指数级别的增长规律。信息元素变化增长的速度远远超过物质元素，所以未来商业模式变化增长的速度和周期都将服从信息元素的决定律。

从这个趋势来看，未来的商业企业进行决策的时候，很有可能不再有标准的问题解决流程方案，因为流程方案适用的周期太短，未来商业企业应该会具有标准化的问题解决步骤，通过问题解决步骤来明确所涉及的利益主体、利益主体之间的联系及利益主体组合的系统，然后再决定采用什么具体的方案和措施来避免系统的崩溃或者维持系统的发展。

 "未来企业标准化流程崩溃的概率是极高的"

并列、递进、因果、相关

因为笔者由于从事教育工作的缘故，经常需要授课或者演讲，也经常需要审核和评定论文和文稿。经常有人与笔者讨论什么才是好的演讲或者文案。

如果要用非常简单的原则把这个问题说清楚，笔者认为，好的演讲和文稿都符合一个规律：在演讲和写作的过程中，演讲的段落和写作的章节符合总分结构。

例如，在演讲的时候，提出一个主题属于"总"，为了阐明这个主题需要从三个方面去展开论述，那么这三个方面就属于"分"。当然，在完成了这三个方面的论述后，我们发现对于这个主题可以进一步从另外一个层面进行深入的解释，那么进入另外一个层面就是下一个"总"。

从一个"总"过渡到下一个"总"是递进关系，用三个"分"去论述上一个"总"的有效性或者特征细节，这三个"分"之间就属于并列关系。

如果留心观察，就会发现：好的即兴演讲和商务会谈采用的语言结构都是符合这样的结构特征的。

常见的工作语言场景有演讲、会谈、谈判、辩论。当然，语言场景还包括大量的非工作场景，例如为了增进情感进行的语言交流。在工作语言场景中，最终的目的就是双方或者多方在某一些事项或者协议上达成一致，所以工作语言的使用其实就是一个互相说服的过程。

说服对方接受你的思想或者建议，这个过程并不是很轻松的。

在工作语言场景中，如果存在数据、信息和知识的垄断性（例如上级对下级布置工作的时候，上级具有很强的信息垄断性），那么这种沟通是很容易达成一致的。但是，在绝大多数的语言场合中，并不存在数据、信息和知识的垄断性，双方在某一事项上存在的分歧，不是简单的互相交流和分享信息就可以消弭的。

说服对方或者多方的前提，是找到一个对方或者多方认可的底层前提。这种底层前提是认知构建的底层，是无需进行验证和怀疑的数据、信息和知识，这种底层前提被称为"先验"。"先验"同"经验"相对，意为"先于经验的"，但又是构成经验所不可或缺的。

然后，在这个底层前提下不断地利用递进、并列、递进、并列的关系，引导对方或者多方在自己认可的底层前提下，推导出最后要达成的意向。

换句话来说，说服的过程并不是给对方一个更正确的结论，而是引导对方从他已经建立的"先验"出发，达成新的认知。

"没有人喜欢被说服，因为被说服了就是被击败了"

好的论文或者文案同样也需要具有总分结构，需要掌握并列和递进关系。论文和文案也是为了说服受众，只不过是以文字的方式而已。好的书籍无需看具体的内容，只需要看目录就可以基本上判断作者的水平，观察不同章节之间的并列和递进关系，观察这些章节是如何通过并列和递进关系将不同的知识组合起来，形成一个新的认知体系来说明一个新的道理。

所以，并列和递进关系是所有商业社会人士从事工作必须掌握的两种逻辑关系。这两种构建不同数据、信息和知识的逻辑关系嵌合在几乎所有的工作场景之中。因此，判断一个人在商业社会中的竞争力强弱的一个简单的方法，就是分析他的发言结构，看其发言结构中是否存在并列和递进关系，以及并列和递进关系是否清晰。

"说服不是靠内容而是靠结构"

至此，其实我们已经发现，在上一节中出现的主体、主体联系和系统的思考结构又出现了。在上一节中论述了采用主体、主体联系和系统的思考方式来处理具体问题的有效性和必然性。在这里，我们发现个体在进行优质内容输出的时候，也是符合这样的结构特征的：将不同的数据、信息和知识作为主体，然后找到这些主体之间的并列或者递进关系，从而将这些主体联结成一个系统，这个系统是为其个体的目的服务的。

当然，简单地去罗列不同的主体（数据、信息和知识），然后使用并列和递进关系来联结这些主体形成的系统，很有可能并不能达到目的，因为这样的并列和递进关系不符合受众的理解逻辑和认知习惯。以下就如何更好地使用并列和递进关系，做一个概要说明。

"并列关系：互斥且穷尽"

好的并列关系首先是这些主体是在同一个维度上，例如

"优势、劣势、危机、机会"这四个主体属于同一个认知维度,"优势、劣势、问题、建议"这四个主体则不在同一个认知维度上,"分析、问题、建议"这三个主体是在同一个认知维度上。

其次,好的并列关系需要符合麦肯锡提出的 MECE(互斥且穷尽)原则,即这些并列的主体之间的关系是互斥的,这些主体之间没有交叉重叠;而且这些并列的主体在解释一个议题的时候,无法找出其他的主体,没有任何遗漏的观察角度,这些并列的主体已经完全穷尽了观察角度。

在商科中最常见的学习方式就是学习一些营销模型,每一个营销模型都是在介绍一种观察某一类具体问题时的角度。例如,观察宏观环境使用的"PEST"分析工具,观察行业环境使用的"Porter's Five Forces"分析工具,观察企业环境使用的"SWOT"分析工具。这些营销模型就是将具体观察某一类问题的所有主体罗列出来,好的营销模型观察视角主体一定是互斥而且穷尽的。

最后,好的并列关系很少超过五个主体。1956 年,著名认知心理学家乔治·米勒(George Miller)发表了在认知科学领域内被引用次数最高的论文之一:《神奇数字 7±2》(The Magical Number Seven, Plus or Minus Two)。在论文中,他认为,尽管大脑可以用数以亿计的神经连接来储存人一生的知识,但能在意识中短期储存的事物数量却是有限的,平均来说大概为七个。

继米勒的研究之后,众多神经科学家和心理学家都一直在研究工作记忆和它小得惊人的容量。他们发现这个容量可能并不到七，而是更接近四或者五。所以，一次性罗列五个以上的主体，沟通或者说服的效果将会大打折扣。

"你如何记忆手机号码：13611Y475X4"

很有意思的是，詹姆斯·马奇（James G. March）在《经验的疆界》一书中写道："我们认为的真理，不过是人类可以理解的共识，往往和真相无关"，"经验得到传播的条件是既要具有复杂性又要简单"。复杂性是为了满足传播者的虚荣，所以主体需要具有一定数量；简单则是不能超过五个主体，因为受众无法记忆。这就是为什么传播非常广泛的营销模型都是三到五个主体的缘故。

"递进关系：因果和相关"

递进关系是从一个主体推导到另一个主体时，由于一个主体的出现或者数量变化，另一个主体将会发生的趋势。所以，递进关系实际上是两个主体的因果和相关关系的体现。

因果关系是指两个或两个以上变量在行为机制上的依赖性，作为结果的变量是由作为原因的变量所决定的，原因变量的变化引起结果变量的变化。因果关系有单向因果关系和互为因果关系之分。

相关关系是指两个以上的变量的样本观测值序列之间表现出来的随机数学关系，用相关系数来衡量。

具有因果关系的变量之间一定具有数学上的相关关系，而具有相关关系的变量之间并不一定具有因果关系。

> 某个城市发现冰激凌的销量上升了，与此同时犯罪率也提高了。但是很明显增加冰激凌的食用并不会造成犯罪率上升，所以这两者之间不存在因果关系。后来发现是由于气温的上升，导致了冰激凌销量上升，而气温的上升同时也导致了人夜间活动的增加，因此犯罪率提高了。

在商业社会中，人们以往非常重视因果关系，因为因果关系能够有效帮助人们预测确定的结果，对于商业实践指导的意义更强。但是，今天由于信息工具底层硬件的革新，大量的主体之间的相关关系在机器算法和算力的支持下，已经被商业实践使用，而且取得了大量的商业模式的创新。

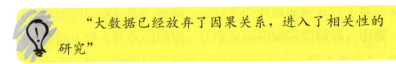
"大数据已经放弃了因果关系，进入了相关性的研究"

我们已经发现了个体在进行优质内容输出的时候，是将不同的数据、信息和知识作为主体，然后找到这些主体之间的并列或者递进关系，从而将这些主体联结成一个系统，这个系统是为其个体的目的服务的。这样，我们对主体、主体联系和系统的理解进入了第二个层面，就是一个人的认知能够有效地解决外部问题的话，那么他的认知也是将其已经掌握的数据、信息和知识进行底层的凝炼，形成不同的主体，然后将这些主体通过一定的逻辑关系联结起来，联结起来的系统就是这个人的认知体系。在进行决策的时候，才能有效地调用相关的主体来解释过去和预测未来。

 "为什么我学了那么多，但是用的时候都记不起来？"

笔者在初期学习商科的时候，一直是用课程分类进行知识点的记忆。常见的商科课程包括："管理学原理""微观经济学""宏观经济学""经济法""统计学原理""运筹学""市场营销学""国际金融学"等。

当笔者在法国某所商科学校进行第二次商科知识的系统学习时，突然发现商科所有学科中的知识点都可以用三个主体来涵盖，分别是"供给""需求"和"方法"（互斥且穷尽）。商科的任何已经存在的知识和即将发现的知识，不是讲如何优化供给，就是讲如何更好地分析和挖掘需求，抑或是讲有什么工具和方法更好地将供给和需求连接起来。所以，笔者后期在商科领域中进行数据、信息和知识的记忆和调用的过程中，都是按照这三个主体进行归类，从而形成了自己在这个学科中的原始认知内核系统。笔者不但将已经掌握的数据、信息和知识按照这三个主体维度进行归类，而且使用并列、递进的关系把所有掌握的数据、信息和知识进行联结，从而形成了自己在这个学科中的认知系统。此后在接触和掌握到新的数据、信息和知识的时候，也按照这样的三个主体维度进行归类，建立新的数据、信息和知识与已经掌握的数据、信息和知识之间的联结，从而为将来在分析问题和决策的时候调用这些数据、信息和知识做好储备。

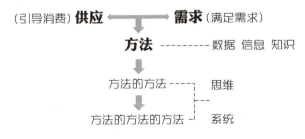

借助主体构建商科认知系统

通过建立自己的原始认知内核,达到在某个专业领域中高质量地输出内容和解决问题的能力。这种方式在不同的领域中都有很多杰出人士在使用。

例如,著名剧作家、《暗恋桃花源》的作者赖声川,在分享自己是如何源源不断地输出新的灵感进行戏剧创作的时候,将自己的创作过程分成了两个部分,分别是"生活"和"艺术"。

——"生活"是用来采集创作素材的,现实生活中通过自己的想象力对生活的本来面貌进行观察从而得到很多素材,这个部分是智慧的体现,是方法论层面的;

——"艺术"是将这些创作素材用戏剧的形式展示的过程,通过成熟的戏剧结构、合适的美感道具形成了新的作品,这个部分是方法的体现,是方法层面的。

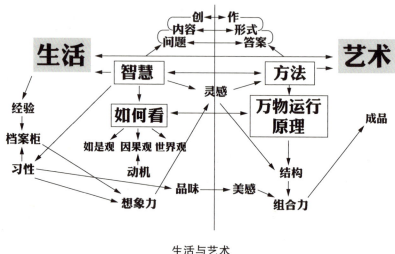

生活与艺术

赖声川在创作的时候,用一些主体,例如"智慧""原理""动机""想象力""习性",并去学习和理解这些主体包含的数据、信息和知识;然后他找到这些主体之间的联结关系,观察这些主体之间是如何互相影响和联系的,最后将这些主体形成为属于他自己的认知系统,这个认知系统能够为源源不断的灵感转变为优秀的戏剧作品而服务。

在分享这个认知系统的时候,他特别强调了"档案柜"这个主体的重要性,因为在观察生活的时候,每次得到的体验和素材很容易消逝而无法被记录下来,或者虽然记录下来但是非常杂乱无章,在进行"艺术"这一部分的时候无法有效地回忆或者筛选出来,所以他将自己在生活中的体验和素材按照一定的类别进行整理,这样就能在使用的时候很快地联想起来。

这样认知系统建立的方式和笔者的个人体验是不谋而合

的，在不同的领域中，建立认知系统所需要的主体并不一样，在商科中是"供应""需求"和"方法"，在戏剧创作中是"生活"和"艺术"，即使相同领域的学习者，其所构建系统中的主体也不尽相同。只要构建的认知系统中的底层核心主体能够涵盖和联结构建者的所有数据、信息和知识，并且为构建者解决其所遇到的问题和进行决策服务，这个认知系统对于构建者就是有效的。

通过主体、主体联系和系统的方式来构建属于自己的认知系统的方法，笔者在专门针对认知系统构建的"进化训练营"中进行了介绍，最后验证了不同的个体样本由于其认识领域和知识的覆盖面不同，构建出来的认知系统的底层主体是完全不同的。

> 例如，"进化训练营"中一名物联网行业的工程师构建出来的认知系统的底层核心主体是："事件""分析""存储"和"接口"。

为了验证这样的认知系统的构建是有效的，能够帮助构建者快速地进行知识的记忆、存储和调用，从而为解决问题和进行决策服务，让我们一起看看不同专业领域的佼佼者是如何使用主体、主体联系和系统这个方法的。

黑川雅之是世界著名的建筑与工业设计师，被誉为开创日本建筑和工业设计新时代的代表性人物。他成功地将东西方审美理念融为一体，形成优雅的艺术风格。他设计的作品主要有灯具、照相机、饰品、手表、工业产品等。他进行设计的时候是从"素材""形态""样式""原型""思想""记忆"六个主体出发，去思考一个新的设计方案。

"永字八法"相传为东晋王羲之所创,因其为书写楷书的基本法则,后人又将"八法"引为书法的代称。中国汉字虽然数以万计,但构成楷书的基本笔画只有八种。了解了这八种基本笔画,就为学习书法打下了一个坚实的基础,这种学习书法的方法,就是"永字八法"。

西班牙国宝级厨师费兰·阿德里亚(Ferran Adria),作为连续五年获得权威餐厅评鉴"The World's 50 Best Restaurant"排行榜第一名"斗牛犬餐厅"(El Bullie)的主厨,汇聚了多年心血,集结"斗牛犬餐厅"数年来推出的营养均衡又色香味俱全的美味佳肴,出版了食谱《厨神的家常菜》。在书里,他总结是用"食材""酱汁""高汤""单品""套餐""菜单"这六个主体进行组合,生成了一系列的美食。

星巴克是一个非常成功的咖啡餐饮品牌。在扩张中,它曾遇到一个特别大的难题:开店速度很快,但是每家店都要装修,怎么样才能让装修的进度跟得上开店的进度?如果每家店看上去都差不多,顾客会不会产生审美疲劳呢?

为此,星巴克从迪士尼请了一个设计师,叫莱特马西。他用咖啡的历程来设计了四个阶段,每一个阶段设置一种主题色。比如,咖啡的第一阶段是种植和生长(绿色);第二阶段是烘焙(火红);第三阶段是调制(流青);第四阶段是顾客喝咖啡(淡黄)。然后设计了三种不同的家具,这样,四种主题色同三种不同的家具设计,进行简单的排列组合,就变成了十二种基本的设计风格。1995年,星巴克就根据这个设计,推广了门店装修。这个主体模块化的系统给星巴克带来了什么呢？

新建咖啡门店的工期，从二十四周缩短到八周；每新建一家门店的装修费用，从三十五万美元缩减到二十九万美元。1995—2000年的五年时间，这套设计为星巴克节省了一亿美元的成本。

在美国，影视剧编剧是一个专业化的职业，他们将若干个"桥段""套路""模式"进行重新组合。美剧编剧和一些爱好者专门建立了一个收集各类桥段的网站 TV Tropes（tvtropes.org）。他们按照电影、电视剧、小说、游戏、动画等分类，将这些作品"肢解"成相应的桥段。假如一部动作片里需要有一段追逐戏，TV Tropes 中一共有五十七个经典桥段可供选择。作为编剧，只需要选择并且重新组合这些桥段，就可以生成符合剧情发展需要的追逐戏片段。

"创新是已有元素的重新组合"

设计 黑川雅之	书法 王羲之	美食 费兰·阿德里亚	餐饮 星巴克		影视 美剧
素材		食材	绿色：种植和生长		tvtropes.org
形态	永	酱汁	火红：烘焙	× 三种家具设计	桥段
样式		高汤	流青：调制		套路
原型		单品	淡黄：顾客喝咖啡		模式
思想		套餐	=		
记忆		菜单	十二种设计风格		

在不同专业领域构建认知系统

通过以上不同行业的案例可以观察到,在解决不同专业领域问题的场景中,不同领域最优秀的专家都采用了主体、主体联系和系统的方式来构建自己的认知系统,通过底层的认知系统的内核来钩稽和扩展不同的数据、信息和知识,从而帮助构建者快速地进行知识的记忆、存储和调用,从而为解决问题和进行决策服务。

当然,即使对时空范畴内的所有可以被观察到的现象进行总结从而归纳出的经验和原理,也并不一定是正确的,因为并不能穷举所有时空范畴下的同类现象。所以,是不是真的所有领域的人士都能够用主体、主体联系和系统的方式将自己掌握的数据、信息和知识进行完全的涵盖,组成一个具有底层主体核心的认知体系,是值得怀疑的。

"所有的天鹅都是白色的"

1967年,曼德布罗(Mandelbrot)在美国《科学》杂志上发表了题为《英国的海岸线有多长?统计自相似和分数维度》(How Long Is the Coast of Britain? Statistical Self-Similarity and Fractional Dimension)的著名论文。他发现:若将海岸线作为曲线来观察,在没有建筑物或其他东西作为参照物时,在空中拍摄的一百千米长的海岸线与放大了的十千米长的海岸线,两张照片看上去会十分相似。事实上,具有自相似性的形态广泛存在于自然界中:连绵的山川、飘浮的云朵、岩石的断裂口、粒子的布朗运动、树冠、花菜、大脑皮层……

1975年,曼德布罗根据上述观察创立了分形几何学(fractal geometry)。在此基础上,形成了研究分形性质及其应用的科学,称为分形理论。

分形理论中的曼德布罗集是一个典型的分形图形,又称"上帝的指纹"。曼德布罗集的数学形式为 $z = z^2 + c$(z、c均为复数)。曼德布罗证明了物体具有高度的自相似性,其特点是图片的每个微小的局部都和整个图形的样子相似。我们以为我们看到的是一个复杂的宇宙,其实里面只有我们最为熟悉的水和空气。

曼德布罗集的存在证明了一件事情:无论多么复杂的现象都可以用非常简单的原则表达和叠加而得。所以,所有领域的人都能够用主体、主体联系和系统的方式将自己掌握的数据、信息和知识进行完全的涵盖,组成一个具有底层主体核心的认知体系。

关于格局

经常有人问笔者:有什么方式可以提高自己的认知水平?提高认知水平的方式大致有三种,分别是看书、旅行和看电影。因为这三种方式都是在时间和空间内对于已有认知的重新体验。当然,提高认知还有一种非常重要的方式,那就是静坐或者冥思,但是这种方式对于认知提升的个体经验很难描绘。

在不同的交叉学科进行学习的时候,我们会发现两个非常有趣的现象。一个是人类伟大的新技术和新认知,往往是不同的人从不同的途径在几乎相同的时间达到了相同的结果。例如，法拉第和亨利在1832年几乎同时发明了电磁感应现象，揭开了第二次工业革命的序幕。还有一个现象是：其实非常多的道理和认知，已经在人类历史上提出过或者明确了，只是在后来重新被实践和检验而已。

关于处理问题的思考步骤是围绕主体、主体联系和主体系统的发现，笔者在后期的教学中针对社会个体进行了实践，帮助千余个样本通过这种方式来思考商业案例问题，提炼案例的本质核心问题，从而得到创新的商业策划和营销方案；并在后期的投资咨询中针对商业企业进行了实践，在这个过程中同样发现了这个思考步骤在不同行业和不同环境中的普适性。

但是，笔者无意中看到了清华大学宁向东教授的一堂视频课程，在视频课程中发现了几乎完全相同的思考，这种思考极大地激发了笔者对于主体、主体联系和系统的进一步认知挖掘。

在宁向东讲授的一堂本科课程上，教室中有三十多名同学，其中有一名女生上课时吃东西和聊天，她违反课堂纪律的行为极大地影响了宁向东上课，所以宁向东思考了一下，觉得这名女生的行为已经干扰了他管理其他学生的权威，所以宁向东在课堂上对这名女生进行了公开的批评。

课后，女生要求宁向东向她道歉，因为这样的公开批评导致其他学生可能会对这名女生产生歧视。

宁向东认为自己在处理刚才的事情时，没有思考女生和其他学生的关系，所以向这名女生道了歉。

我们用主体、主体联系和系统的方式来复盘这个案例：

（1）管理好教室这个场域涉及三个主体：老师、吃东西的学生和其他学生。

（2）老师和其他学生之间是管理和被管理的关系，老师和吃东西的学生是被影响和影响的关系。

（3）为了更好地管理教室这个系统，老师通过批评的行为来纠正这个系统中引起系统偏差的主体。

（4）批评的行为使得教室系统更加容易管理，其他学生得到了负面案例的警戒，这样的结果证明了批评的行为使得系统更加具有效率。

但是，在这个案例的最后，是宁向东老师向吃东西的学生道歉。老师在和吃东西的学生对话的时候，发现在教室管理这个问题上，在采取批评行为之前的思考过程中，他确实遗漏了吃东西的学生和其他学生的关系。这种关系的遗漏使得这个系统具有极大的脆弱性。例如，被批评的学生可能会由于心理无法承受其他学生的歧视而采取极端行为，这种极端行为将会使得教室的管理系统完全崩溃，所以宁向东要向吃东西的学生道歉。

宁向东认为，在处理问题或进行决策的时候，首先要"格局"。"格"是动词，"局"是名词，这个时候"格局"是动宾结构。需要找出在这个问题中已有的主体，然后将这些主体的联系关系明确下来，再将这个联系起来的系统作为一个新的主体来认知，评估未来新的决策或者方案的影响是不是达到了预设结果。

人类每遇到一个新的问题的时候，都需要"格"一次"局"，来更好地进行决策。目前人类因为信息元素的迭代影响，在遇到相同问题的时候，也往往需要重新"格"一次"局"，因为相同问题的主体、主体联系很可能已经变化了。

宁向东其实是在为自己的认知不全面而道歉。他认为自己在"格"这个问题的"局"的时候，思考不够全面。在未来"格"其他"局"的时候，他会纠正自己的思考缺失，从而他的"格局"就变大了。

这个时候的"格局"是名词，是指一个人在处理问题或进行决策的时候，思考的全面性和观察问题的底层性。

所以，宁向东认为，人需要不断地"格局"（动宾），通过"格局"（动宾）的行为，逐渐使得自己的"格局"（名词）变大，这样一个人的认识水平就提高了。

这个故事对笔者的冲击还是蛮大的，因为主体、主体联系和系统的思考方式，早在2003年的时候宁向东就已经有所感悟。人类沿着不同的路径来达到对于相同认知的理解，经常发现这样的认知其实在很久以前就已经有人得到了。只不过，了解一个道理和将这个道理应用在实践中成为方法论，是完全不同的两个层面的事情。

"大道至简，知易行难"

当今社会，信息化的方式已经使得每一个人的学习成本都极大地降低。信息化成为任何一个产业必不可缺的内核，也极大地改变了每一个产业的本来面貌。

史称"孔子以诗、书、礼、乐教,弟子盖三千焉,身通六艺者七十有二人",但《论语》中仅仅出现了二十二人,至唐玄宗时配享孔庙的仅有十人,被称为"孔门十哲"(颜渊、闵子骞、冉伯牛、仲弓、子我、子贡、冉有、子路、子游、子夏)。

当时的教育成本之高是普通人无法承担的。"朝闻道,夕可死矣"就是那时候人们对于知识迫切需要的心态体现。

互联网和搜索技术的出现,极大地降低了人类学习数据、信息和知识的成本,几乎是以免费的方式获得以上的资源。这样的结果同时也极大了弱化了老师的社会地位和资源控制能力。但是,所有人能够免费、快捷地获得数据、信息和知识,使得整体社会的认识水平提升得极快。这样的改变,导致了人类的教育开始转向"知识的知识"的领域,知识之间的逻辑关系变得比知识本身更加重要。

未来,信息在底层物理层面如果进一步改变,例如增强视觉等技术能够无缝地和人类的行动联结在一起,那么知识层面的教育就将变得毫无意义,在"知识的知识"层面的教育也会被大数据等算法技术替代,因为推断主体之间的相关和因果关系,数据算法比人力更加有效。未来的教育的方向一定是"知识的知识的知识",未来的教育的内容一定是指导个体如何进行学习的方法论。

"在我们思想之前必须思想我们的思想"

宁向东讲述的案例，背后还藏着一个非常深刻的见解。通过不断地重复某种解决问题方式的步骤，提高使用这种解决问题步骤的频次，能够极大地影响个体内部的知识结构系统，而个体的内部知识结构系统的不断发展和进化，能够更有效地提升使用这种解决问题步骤的有效性和适应性，这种行为被佛罗里达州立大学的心理学家安德斯·艾利克森（Anders Ericsson）称为"刻意练习"。

"刻意练习"并不是马尔科姆·格拉德威尔（Malcolm Gladwell）在《异类》中提出的"一万小时理论"的简单重复。"刻意练习"和"一万小时理论"最大的区别在于：刻意练习是在"最接近能力区间"上开展，而且其结果反馈是要不断修正练习的方法和内容。当然，这样的行为在第一章中被论证为一个收益出现时间不明确、收益回报大小不明确的耗能行为，所以开展"刻意练习"的前提是学习主体进入了"正向反馈"区间。

"刻意练习，正向反馈"

宁向东的"格局"（动宾）和"格局"（名词），其实还隐藏着一个问题的答案：为什么我们学习了很多数据、信息和知识，但是在处理现实问题却显得捉襟见肘，感觉理论知识和实践活动之间存在着一道鸿沟？

"一惑曰：迂阔不切、高远难从；二惑曰：学顾力行、讲学非用"

康德的物自体不可知论，认为人们对于事物并没有真正的认知。人们只能看到"对象"而无法看到"客体"。康德认为"对象"是被主观感知系统扭曲过的"客体"。

例如，近现代科学研究告诉我们：颜色本身并不真正存在。或者不妨这样说：如果颜色确实存在的话，也只是因为人类在主观上创造了它们，把存在于我们周围的光波的振动解释为颜色。人类可以辨别出可见光谱中的约一千万种区别。当人类看见了全部范围的可见光，眼睛就会读出"白色"；当某些光波消失时，眼睛就会读出"彩色"。

 "客体是震动，对象是颜色"

宁向东的"格局"（动宾）和"格局"（名词），说明了一件事情：假如真像康德所说我们永远无法得到一个事物的真相，那么我们的知识其实都不是真理，因为真理永远都不存在。所以，人类所谓的认知系统只不过是一个通过先验的规定思想体系和给定的感知模型对外部信息的整理系统。如果想要更加趋于精确地描绘给定外部问题的真相，从而更好地解释这个外部问题的过去和预测其发展趋势，那么感知这个问题的观察方法必须和感知者的认知系统具有相同的结构组合，这样才能保证感知的数据、信息和知识在内部认知系统的处理是完全无缝衔接的，避免在感知和处理数据、信息和知识环节的失真和遗漏。

也就是说，在这里，我们将主体、主体联系和系统的思考模式的两层理解的方式进行了统一。

第一层：主体、主体联系和系统对外部客观事物的应用，是适用于社会中任何一个行业和领域的任何一个问题的思考步骤准则。

第二层：主体、主体联系和系统对内部认知系统的应用，所有领域的人士都能够用主体、主体联系和系统的方式将自己掌握的数据、信息和知识进行完全的涵盖，组成一个具有底层主体核心的认知体系。

这两个层面的理解合并在一起，也就是说为了更好地感知问题、解决问题，个体必须采用相同的主体、主体联系和系统的构造来对外部进行感知，对内部调用知识，观察和感知外部事物的角度就是构建内部认知系统的底层核心主体。

"知行合一"

例如，笔者认为对于任何商业模式或任何品牌营销策划，都可从"供给""需求""方法"三个角度去测量和评估。为了更好地测量和评估商业行为，笔者的内部认知系统是按照"供给""需求""方法"三个核心主体构建的，以这三个核心主体钩稽和联结了所有已经掌握的数据、信息和知识，也能联结该领域未来即将得到的新的数据、信息和知识。这样一来，测量观察和认知系统便是由相同的底层主体构成，从而保证了测量观察和认知处理之间是无缝衔接的。

如果不能包容新的数据、信息和知识，那么个体构建的认

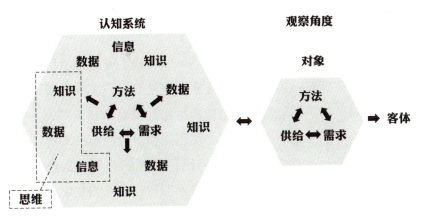

认知系统与观察角度

知体系将会崩溃,需要生成新的底层核心主体来包容所有的数据、信息和知识,这将在下面的"关于顿悟"中谈到。

但是无论如何变化,在构建认知系统和观察外部事物的时候,使用的主体、主体联系和系统的方法是不会变化的。这就是笔者说本书的第一部分是在介绍一种学习方法论,而不是介绍一种学习方法的缘故。

笔者通过教育机构老师、投资咨询指导教练的身份,在不同的场合中,寻找具备"最接近能力区间"的个体进行交流,倾听他们的反馈,观察他们对这种学习方法论的实践效果。

有一名资深的法律专家在听完一次"进化密码"的主题分享后,交流的内容让笔者记忆深刻:所有的法律首先研究的都是"原则",有什么事情可以做和不可以做;其次研究的是"例外",有什么事情可以做但是不能做,有什么事情不可以做但是又能做。这名资深的法律专家的认知结构的底层核心主体就是"原则"和"例外";他在处理法律纠纷和其他问题的时候,也是用"原则"和"例外"的角度去辨析。

当然,客观事物是不断变化的,所以我们就必须承认个体主观地用于测量观察的主体角度要不断地变化,主体数量要不断地增减。由于测量观察的主体角度和数量都会发生变化,因此个体构建的主观的认知系统必然也需要进行对应的调整,从底层主体进行改变,再重新联结已经掌握的数据、信息和知识,从而生成新的认知系统来因对外部客观事物的变化。

"认知系统是随着时间不断变化的"

关于顿悟

至此,我们具备了回答"学习的客体"遗留下来疑问的基础。如果说信息产业的摩尔定律导致了所有行业的迭代速度同步变快,那么,在当下,采用单纯数据、信息和知识堆砌的学习方法不仅仅是不可能的,而且也是不可行的,很难提高我们正确认知世界的效率。

为了更好地认知世界,就必须将所掌握的有限的数据、信息和知识联结在一起,为解决问题而服务。所以,发现数据、信息和知识之间存在的逻辑关系,学习大量处理问题的时候需要的数据、信息和知识之间逻辑关系的相似性归类——也就是思维——就显得格外重要。

但是，在认识和观察问题的时候，首先面对的问题是：这个问题应该是一个什么类型的问题？应该采用什么样的思维来联结观察到的数据、信息和知识？所以，单纯地学习大量的思维方式并不能有效提高决策的正确概率。

"数据、信息、知识、思维"

那么，我们该如何做？

首先，我们应该在自己的专业领域中学习大量的数据、信息和知识，然后通过实践去验证一些在该领域中行之有效的思维方式，借助这一过程来达到对于已经习得的数据、信息和知识以及联结这些数据、信息和知识的基本思考方式的熟练掌握。

然后，我们应该根据已经存在的实证结果，来找到在自己专业领域中对于外部事物观察的底层核心，利用核心作为观察和测量时的主体，重新构建在具体问题中这些主体之间的联结关系及其所形成的独立差异系统。

在解释这个独立差异系统的过往和预测其发展趋势的时候，需要调用个体已经掌握的数据、信息和知识，并且不断地增加新的数据、信息和知识。为了保证调用处理的效率和吸收新的数据、信息、知识的速度，不同领域的人士会采用主体、主体联系和系统的方式对自己掌握的数据、信息和知识进行完全的涵盖，组成一个具有底层主体核心的认知体系。

为了更加精确地描绘给定外部问题的真相，从而更好地解释这个外部问题的过去和预测其发展趋势，感知这个问题的观察方法必须和感知者的认知系统具有相同的结构组合，这样才能保证感知的数据、信息和知识在内部认知系统的处理是完全无缝衔接的，避免感知和处理数据、信息、知识的环节中出现失真和遗漏。

个体首先要通过初阶学习的磨炼，记忆大量的关于某一个专业领域的数据、信息和知识。这些数据、信息和知识已经经过了大量的实践验证和理论支撑，是更朴素的数据、信息和知识通过进一步归纳和推演产生的前人思考成果。这些思考成果构成了人类个体认知系统的最基本元素——"主体"。在这个阶段学习到的思考成果，绝大多数不需要质疑和实践验证，属于个体认知的"先验"层面。

个体在完成了初阶学习后，进入中阶学习。在这个阶段，个体会进一步学习处理问题时需要的数据、信息和知识之间逻辑关系的相似性归类，也就是思维。当然，在处理不同复杂问题的时候，个体会通过实证来验证这些逻辑关系，甚至通过自己的实证来验证自己发现的逻辑关系，这些思考成果是构成人类个体认知系统的第二个元素——"主体联系"。在这个阶段学习到的思考成果需要在不断的实证中被修正和改变，属于个体认知的"经验"层面。

个体在完成了初阶和中阶层面的学习后，处理的问题会越来越复杂，问题迭代变化的速度也会越来越快。个体为了更好地认知世界和提高解决问题的效率，会采用相同的底层主体来观察事物，构建自身认知系统。这种认知系统涵盖并联结了个体在初阶和中阶所掌握的所有数据、信息、知识和思维。得到这样的思考成果，就完成了人类认知系统和观察改造事物的"知行合一"，能够极大地提升个体的生存概率和竞争能力。这属于个体认知的"超验"层面。在超验层面，用很简单的几个底层主体就能够解释个体观察到的所有问题，并且指导个体开展新的学习和实践活动。通过不断的实践活动，这种超验层面的感受会极大地加强个体对于自己使用这几个底层主体所构成的"系统"的确信度，确信度达到一定程度后，这个"系统"就会成为个体的"信仰"。

"数据、信息、知识、思维、系统"

数据、信息和知识是学习客体的初阶对象，属于学习阶段。

思维是学习客体的中阶主要对象，属于"学习的学习"阶段。

系统是学习客体的高阶主要对象，属于"学习的学习的学习"阶段。

当然，并不是说在高阶就不需要学习新的数据、信息、知识和思维。因为客观事物的主体、主体联系是不断变化的，所以需要不断地强化对数据、信息、知识和思维的更新。

目前已经有非常丰富的课程和书籍帮助个体完成初阶及中阶的学习，但是几乎没有成熟的课程和书籍来帮助个体完成高阶层面的学习。

本书的出现，就是为了针对高阶学习进行理论证明和方法论阐释的尝试。本书阐述的观察外部事物和构建自身认知系的方法都是服从主体、主体联系和系统的观点,所推导出的"知行合一"的概念和王阳明的"知行合一"是有差别的。王阳明认为"知中有行,行中有知",知与行是一回事,不能分为"两截"。王阳明的心学与朱熹的思想相对立,反对程朱理学将知与行分作两件事去做。不过,心学认为"知"主要指人的道德意识和思想意念;"行"主要指人的道德践履和实际行动。也就是说,心学认为"知"和"行"虽然密不可分,但还是两个研究对象的范畴。

今天,由于量子物理范畴的发展,通过"双缝实验"使得人们能借助传统的感官直接观察到世界在微观层面的不确定性,而"薛定谔的猫"的思想实验使得人们认识到,即使在人类可以感知的宏观层面,意识也会对物质世界产生影响。真正能观察到的世界,是客观和主观之间的结合。从这个层面出发,"行"是对外在事物的主观测量,观察测量的结果是个体的"知",它是以某一种客观事物为载体的主观具象,观察测量就已经是对外在事物的改造。那么,"行"和"知"如果不是一体,必然会产生对事物规律把握的失真,而在"行"和"知"是一体的情况下,会极大地提高对于事物规律的真实认知。

"知即是行、行即是知"

"道可道,非常道;名可名,非常名。"这句话其实是在说一个人在人类认知边缘疯狂试探的心理行为。犹如在海边玩耍的孩子,发现了一些从来没有人发现的美丽贝壳,但是想把这个贝壳和别人分享的时候，却发现无法把这个贝壳描述给别人听，因为从来没有一个和这个贝壳对应的名字可以用来向别人介绍。但是，孩子无法压抑分享的欲望，所以只有找到一个原有的名词并赋予这个名词新的含义，或者创造一个新的名字来对这个贝壳进行阐释。

例如，一个心理学专家在和笔者谈到人的行为心理的时候，使用了四个名词来完整地解释了人的行为心理的四大闭环要素（当然这也是他的底层认知主体系统）：

心力：具有做某件事情客观能力（基础）；

心志：具体明确这种事情的方向（目标）；

心意：能坚持做这件事情的意志（过程）；

心流：做这件事情时的心理状态（反馈）。

在本书中，为了表达一些从来没有人表达过的研究内容，或是别人研究过但并非通过这个形式展示的内容，笔者使用了一些较为生僻的或者自行创造的名词，甚至同一个名词在不同的语境中有不同的含义，例如"系统"这个词在本书中有时被赋予了新的含义，成为高阶学习的对象，但是在一些段落中这个词又是常规认知中宽泛范畴的含义。

笔者无法避免这种情况，所以在本书中放弃了学术写作的方式：严格地界定概念，通过概念的组合生成新的假设模型，为了最大程度让别人认可新的假设模型，需要对论证过程中所有的数据、信息和知识标记出处。笔者最后采用了主体、主体联系的方式将自己在教育和咨询工作中观察到的大量样本现象背后的学习方法论，结合很多已经进入职业领域认知边缘的专业人士的心理体验,以相对口语化的形式记录下来。

 "我不清楚,我说的是对的还是错的"

如果高阶学习的客体(对象)主要是"系统",那么为了获得"系统",个体需要用几个关键的词语作为自己的认知系统的底层主体。这几个主体可以钩稽和联结该个体所有已经掌握的数据、信息和知识,也能包含未来即将得到的新数据、信息和知识。这些最底层的主体是个体认知体系的核心,也就是我们所称的"系统"。这个"系统"由于个体学习领域的不同、个体实践体验的不同,是完全因人而异的,很难具有模式化的特征。

古希腊数学家欧几里得在其《几何原本》中,通过以下五条公理推导出了四百六十五个命题,这五条公理就是欧几里得在这个领域中的底层系统:

(1)任意两个点可以通过一条直线连接;

(2)任意线段能无限延长成一条直线;

(3)给定任意线段,可以以其一个端点作为圆心、该线段作为半径作一个圆;

(4)所有直角都全等;

(5)若两条直线都与第三条直线相交,并且在同一边的内角之和小于两个直角和,则这两条直线在这一边必定相交。

已故美国华裔物理学家张首晟假设世界末日到了,可以用最简单的语言把人类所有的文明传递下去：

(1) 物理：自然界三大基本常数；

(2) 化学：万物都是由原子构成；

(3) 数学：欧几里得几何公理；

(4) 生物：自然选择、适者生存；

(5) 政治：人人生来平等；

(6) 经济：市场是无形之手。

他认为，将这几个底层知识组合起来，就能够再构人类所有的知识体系。这些知识就是张首晟认为的人类文明的底层系统。

古希腊哲人亚里士多德的世界观可概括为如下四条定律：

(1) 地球是宇宙中心，是静止不动的；

(2) 世界由五种基本元素，即土、水、气、火和以太构成；

(3) 地球上所有物体都由土元素构成；

(4) 土元素具有向宇宙中心运动的内在属性。

这四条定律组合起来，完美地解释了当时人类观察到的一切事物的现象。亚里士多德的世界观在西方世界流行了将近一千六百年，而这四条定律就是在这么长时间内西方世界人类的认知体系的底层系统。

那么，个体如何能够找到自己的底层认知主体，从而构建出属于自己的"系统"呢？通过观察大量个体的学习历程，并与已经获得"系统"的不同领域的专业人士进行交流，笔者发现：这个"系统"的出现是一个突然的过程，是一种顿悟的心理体验。

心理学认为顿悟是一种突然的领悟，其特点是突发性、独特性、不稳定性、情绪性。而且，任何顿悟必须有明确的思考问题为大前提，只有对此问题经过长期、认真甚至艰苦的思考才可能出现顿悟。

有太多的故事说明人悟到某个关键道理和方法的时候，是突然的、不可预测的。王国维先生说，古今成就大事业、大学问者，必经过三种境界：一为"昨夜西风凋碧树，独上高楼，望尽天涯路"；再为"衣带渐宽终不悔，为伊消得人憔悴"；终为"众里寻他千百度，蓦然回首，那人却在灯火阑珊处"——这大概就是说顿悟的感受。

> 辜鸿铭曾向别人回忆起自己少年时的学习经历："我学习希腊、拉丁文时，不知哭了多少次。开始，教多少页，背多少页，没感觉困难。后来，自己遍读希腊、拉丁文文史哲名著，吃不消了。我坚持背下去。说也奇怪，一通百通，像一条机器线，一拉开到头。后来，不但希腊、拉丁文，其他各国语言、文学，一学习就会，会就能记得住。"

这样看来，顿悟颇有玄学的意味，获得"系统"的方式的不可描绘性导致了非常多的伪学习方法论的出现，这些伪学习方法论的本质是满足教育市场中双方的利益,本质上不是一个追求智慧的过程。

"哲学是爱智慧,人只要爱上了智慧,就已经拥有了哲学"

让我们再次重复一下顿悟出现的条件:

第一个条件是有确定的思考问题;

第二个条件是针对这个问题进行长期的、高频次的练习。

完成这个长期的、高频次的刻意练习需要正向反馈,才能克服对于耗能行为的自发逃避天性,故获得顿悟的方法是:"刻意练习、正向循环",反复地使用主体、主体联系和系统的方式去观察事物并做出决策,在这个过程中寻找自己认知系统的最核心的底层主体,用自己感知出来的底层主体作为下一次观察事物和做出决策的主体,来验证这样的底层主体观察是否有效。反复循环进行这个过程,直到顿悟的来临,个体就获得了认知的底层系统。

我们已经知道,认知系统是必须不断变化的,认知系统在变化的过程中有三个特征:

第一是"自洽"。一个认知系统必须保持内在结构完整而且不出现内在冲突。这个系统包容了当时所有的信息量,无法找到跟这个系统相关的反例。亚里士多德的认知系统在人类没有掌握那么多信息的时代,能够包容当时所有的信息量,所以这个认识系统是有效的,能够帮助人们有效地解释过去和预测未来事物的发展。

第二是"他洽"。任何一个逻辑变革和知识更新，要能够融洽此前或周边的学说，它所不能否证的部分叫"他洽"。亚里士多德的认知体系能够统治西方世界近一千六百年，是因为在当时其他领域中的认知系统和亚里士多德的认知系统并不冲突。

第三是"续洽"。一个学说体系或者一个逻辑模型，必须对新出现的信息增量能够包容并使之通洽。亚里士多德的认知系统最终之所以崩坍，是因为无法包容新的信息增量。当新的信息增量是确定不可否认的时候，原有的认知系统必然崩坍，需要建立一个新的底层系统来包容当前的所有信息。

如上文所说，个体建立的认知系统具有不断变化的特征。如果个体系统不能有效地"续洽"新的数据、信息、知识和思维，或者持续出现使用原有认知系统解决问题和做出决策的负向反馈，那么个体只有一个选择：使原有的认知系统崩坍，重新建立一个包容性更强、可以面对更加复杂事物的判断和决策的认知系统。

美国著名科学哲学家托马斯·库恩（Thomas Kuhn）在《科学革命的结构》（*The Structure of Scientific Revolutions*）一书中提出了"范式"的概念，指的是一个共同体成员所共享的信仰、价值、技术等的集合。个体认知系统的崩坍后重构，就是由于个体掌握的信息、数据、知识和思维所共享的底层主体发生了质的变化。这个过程对于个体而言是极其痛苦的，因为个体对于已经建立的认知系统的有效性是非常确信的，原有认知系统必然是建立在长期实践和认知相统一的基础上，当这个

"系统"的确信度达到一定程度后,甚至就会变成个体的"信仰"。所以,构建一个新的认知系统的过程,需要人经历巨大的生理或者心理上的挫败和折磨,才能实现,才能出现再顿悟之后的顿悟,达到对世间事物的更底层的观察。当个体的观察进入非常底层的角度,个体就会体会到"天地不仁,以万物为刍狗",具有极强的利他心态。

"成功然后失败,然后再成功,然后再失败,然后再成功"

笔者硕士研究生阶段学习的课程包括:管理学原理、微观经济学、宏观经济学、运筹学、市场营销学等,研究的是人类私人物品交换的规律,属于工商管理领域。

笔者博士研究生阶段学习的课程包括:行政管理学、市政学、社会学、行政领导与决策等,研究是的人类公共物品交换的规律,属于行政管理领域。

无论是工商管理还是行政管理,我们能发现这两个领域中所有的数据、信息、知识和思维都可以用一个底层系统来涵盖:"需求""供给""方法"。这就是在商业社会中最底层的主体核心系统,也是本书第二部分的主要内容。如果能用一种底层系统包容两个学科领域,那么解决商业社会中的需求发现和需求代理问题的正确性就会极大地提高。如果找到的底层系统能够包容更多的学科领域,那么问题解决的正确率就必然会极大地提高。

"问题从来不会按照学科进行分类"

在本章的最后,还是要讲一些悲观的事情。根据哥德尔不完全性定理,任何一个体系,凡是自洽的,必然是不完全的。个体建立的认知系统必然是自洽的,否则这个认知系统一定会调整至自洽状态为止,那么这个认知系统必然是不完全的,不能解释在未来遇到的所有新的事物和兼容所有新的知识;要想能够解释和兼容,就必然要进行认知系统的调整,直到生成一个新的自洽认知体系,但是新的自洽认知体系一定又是不完全的。

"路曼曼其修远兮,吾将上下而求索"

第三章
系统进化

进化密码

物竞自择

查尔斯·达尔文（Charles Robert Darwin）曾经乘坐贝格尔号舰做了历时五年的环球航行，对动植物和地质结构等进行了大量的观察。在1838年阅读托马斯·马尔萨斯（Thomas Robert Malthus）的著作《人口论》的时候，达尔文顿悟：所有生物的繁殖速度都是指数增长的，但是实际上一个生物群的数目却相对稳定，这说明生物的后代只有少数能够存活，必然存在着争夺资源的生存竞争。

达尔文进一步推导：任何物种的个体都存在着变异，这些变异可能导致个体的生存能力有强有弱。在生存竞争中，生存能力强的个体能产生较多的后代，其遗传性状在数量上逐渐取得了优势，而生存能力弱的个体则逐渐被淘汰，即所谓"适者生存"，其结果是使生物物种因适应环境而逐渐发生了变化。达尔文把这个过程称为"自然选择"。

 "物竞天择"

马尔萨斯观察到的是人类和其他资源的竞争关系，而达尔文将竞争关系引入同一种生物种类之中，观察同一个物种之中由于竞争而出现的个体差异，而这种个体差异会改变整个物种

82

的发展趋势。人类和其他物种一样,由于竞争而出现了不同的特征的变异,这些特征的变异如果更加适合竞争,就会由于遗传繁衍的优势而渐渐成为一个物种的群体特征。

夏尔巴人(Sherpa)散居在喜马拉雅山两侧,主要在尼泊尔,少数散居于中国、印度和不丹,说夏尔巴语,使用藏文。夏尔巴人在缺氧环境下的负重能力极强,是因为夏尔巴人在数千年的演化过程中,身体内进化出了与环境相适应的循环系统,并且拥有一个特殊的基因:ACE 基因(ACE 基因决定人体有氧耐力素质)。

高加索人种由于高纬度的寒冷气候,用了数千年时间进化出了较长的鼻腔和弯曲的鼻梁,来保证冷空气能够在较长的鼻腔里暖化,从而避免寒冷、干燥的空气对支气管内膜和肺泡细胞造成严重损伤,减少肺源性心脏病的发病率。

 "夏天的命是威利斯·开利(Willis Haviland Carrier)给的"

质疑进化论学说的声音固然有很多,但是人类确实观察到了大量由于竞争导致的物种的变化。

莫桑比克内战从 1975 年开始,至 1992 年结束。延续了 17 年的内战造成偷猎象牙的情况极其严重,与战争素无瓜葛的大象被大量猎杀。来自美国等地的大象研究专家调查发现:1992 年后,在莫桑比克国家公园出生的雌象竟有 1/3 没有象牙。这种奇异的情况并非莫桑比克独有:南非一个国家公园的雌象也几乎全部没有象牙;肯尼亚南部的象群只长出较小的象牙。专家认为，大象"进化"至不再长出象牙，是一种自我保护行为。

人类以前的商业模式的本质是能量元素、物质元素在时空范围内的转换，能量元素和物质元素都是很稳定的，商业模式变化的速度也较为缓慢。随着手机的出现，信息元素已经高度渗透到人类社会的各类商业模式之中，导致人类的所有行为都要服从信息元素的规律，而信息元素迭代进化的周期与传统的能量元素和物质元素完全不同。

由于所有行业的创新和价值增长都是建立在信息元素的内核基础上，因此目前绝大多数商业模式的周期都不超过三五年，产业生命周期也被缩短到十年左右。

尤瓦尔·赫拉利在《今日简史》中写道："未来人类九十岁仍然必须每天学习新知识，每十年就得换个职业。"

在竞争环境中，人类为了生存，就必须适应社会的环境变化。为了更有效地在新的环境中界定问题、分析问题、解决问题，就必须对自己界定问题、分析问题、解决问题的能力进行同步提升。个体界定问题、分析问题、解决问题的过程都是通过自身的认知系统进行的，所以人类的认知系统在今天的商业环境中也必须随之同步变化，如果不能适应这种变化，就会面临被淘汰的压力。

我们不得不承认，目前人类的认知系统需要每三到五年就变化和更新一次。这种由于竞争而导致的个体认知系统的迭代和变化，是不是同样也是一种进化行为？毕竟进化论研究的都是可以被观察的实际存在的客观物体，而人的认知系统是一个不可见的主观概念。

"进化论并不仅仅适用于人,凡是随着时间变化的物体都适用进化论。"美国费尔菲尔德大学的理查德·德威特(Richard DeWitt)在《世界观》中是这样论述的。

我们可以大胆地推断,人的认知系统的变化也是一种进化行为。当然,这种进化行为与生物学上的进化行为有很大的区别。

 "今天人和人之间的差别,都在脖子以上"

生物学进化的发生是由于普遍存在的突变引起的基因频率改变,这些改变为生物进化提供材料。突变的结果可形成多种多样的基因型,使种群出现大量可遗传变异。这些变异是随机性的、不定向的,能为生物进化提供原料,但是突变大多有害,这是理论难以解释的。自然选择则主导着进化的方向,虽然突变的方向是不确定的,但是突变一旦产生,就在自然界中受到选择的作用。自然选择不断淘汰不适应环境的类型,从而定向地改变种群中的基因频率,使其朝着适应环境的方向演化。也就是说,传统的生物进化是被动试错的行为,进化是通过繁殖行为稳定固化的。

而个体认知系统的进化则有很大不同,在完成了基础的数据、信息、知识和思维的训练后,个体就可以承担在社会化分工中的一些基础性工作。这些高频次反复的工作,对于个体认知系统的进化速度要求并不高,而这些工作给个体的资源回馈也肯定是比较匮乏的。当然，也存在诸如劳动工具的更新等现象导致的个体认知系统的被迫变化，但是个体完全可以放弃认知系统的进化，将认知系统停留在某个社会平均水平就可以实现生存的基本目的。也就是说，这个时候认知系统的进化是被动的，只是和共同演化的系统保持一致，并没有获得任何竞争优势。

在演化生物学中有一个很有名的"红色皇后"（Red Queen）理论，源自儿童文学名著《爱丽丝镜中奇遇记》。爱丽丝和红色皇后在高低山谷中奔跑，却总是停在原地。红色皇后对爱丽丝说："你能跑多快就跑多快，这样你才能停留在原地。""红色皇后"理论就是说：如果在社会竞争中选择了被动的与社会同步的认知系统进化，那么个体能够获得的最好的结果仅是维持目前的竞争地位而已。

所有能够获得竞争优势的进化，必须在摆脱被动的基础上，采取主动的行为，这种主动的行为必须有一定的明确的方法，有确定的趋势方向，经过不断刻意练习的过程，并有正向循环的刺激。

所以，今天个体认知系统进化和传统生物学上的进化的区别在于：

（1）个体认知系统进化并不会通过繁殖行为固化下来，每一个个体都需要在一生中独立完成初阶、中阶乃至高阶的学习过程，增进自我认知系统的复杂深度和适用广度。认知系统的进化不会导致具有高阶认知系统的人群在代际传递的时候数量增多。

(2）生物学的进化是被动试错的行为，个体认知系统的进化可以是主动选择行为，个体可以选择是否需要进行自我认知系统的进化，甚至决定自我认知系统进化的方向。当然，今天的科学家借助 CRISPR 技术获得了编辑基因的强大能力，生物层面的进化也正在走向主动选择。

（3）生物学的进化是由能量与物质的环境变化导致的人类竞争所引发的，体现在器质可见的层面，属于物质和能量的服从律范畴，周期较长；认知系统的进化并不可见，是由信息的环境变化导致的人类竞争所引发的，属于信息的服从律范畴，周期较短。

人类个体为了改变自己在竞争链中的地位，必须不断提高或者保证个体决策的正确率。在信息化社会中生存，对于数据、信息和知识的处理能力是人类竞争能力的重要组成部分。为了提高对于数据、信息和知识的处理能力，人类选择了进入三个层面的学习。人类无论在什么层面学习，都是具有认识系统的，这个认知系统帮助其界定问题、分析问题和解决问题；不过，在初阶和中阶的学习过程中，认知系统虽然存在但不能清晰地被个体描绘出来，所以认知系统会随着环境的变化而改变。但这是一种被动的改变，不是个体主动选择的进化。如果个体能够清晰地掌握自己的认知系统，并且对未来的竞争趋势有正确的判断，那么在这个方向上进行刻意练习导致的自我认知系统进化，将会获得极大的竞争优势。

数据、信息和知识是学习客体的初阶对象，属于学习阶段。

思维是学习客体的中阶主要对象，属于"学习的学习"阶段。

系统是学习客体的高阶主要对象，属于"学习的学习的学习"阶段。

系统是由一系列相互联结的主体组成的。如果期望从整体上理解问题，进而能够预测、影响并最终控制问题的走向，仅仅依靠对系统中各个主体的了解是无法实现的。因为将一头大象分成两半，并不能造出两头小象；科学研究可以化整为零，但是认知复杂世界的问题，需要从整体上进行观察。个体能够清晰地认识到自己的认知系统的构成，并得到"系统"，是个体能够主动选择进化方向的重要前提。

个体认知系统构不断地"续洽"新的数据、信息、知识和思维，在原有认知系统的基础上，扩大认知系统的适用范围。每一次认知系统增加的数据、信息、知识和思维，都是个体认知系统在进行量的层面的进化。

个体认知系统如果不能有效地"续洽"新的数据、信息、知识和思维，个体将会选择使原有的认知系统崩坍，重新建立一个包容性更强、可以面对更加复杂事物的判断和决策的认知系统。每一次认知系统的崩溃和重构，都是个体认知系统完成了一次质的层面的进化。

 "物竞自择：今天人类为了生存，进化已经可以被选择"

进化方向

人类能够站在地球食物链顶点的原因是：能够表达完全虚拟的概念，而且互相之间可以理解。这是尤瓦尔·赫拉利在《人类简史：从动物到上帝》一书中的主要观点。

例如，人类在出现私产制后，因为共同相信货币，所以创造了更方便的价值交换，极大地提高了物质生产的速度。人类相信虚拟的概念，这些虚拟的概念将人从单个独立的个体，联结成为家庭、宗族、氏族、部落、国家。因为有这些虚拟的概念，人类不再是以个体为单位参与生物食物链的竞争，而是联结在一起形成了一个庞大的新的有机生命体，这种生命体使得人类击败了地球上很多单个个体更具有竞争力的物种。

"昔者仓颉作书，而天雨粟、鬼夜哭"

今天人类的竞争环境，首先决定了个体要能够理解虚拟的事物，这已经是个体生存必不可少的生存技能；其次，理解虚拟概念的深度决定了个体在这个不确定的商业社会中的生存概率；最后，创造虚拟概念才能使得个体成为一个公司或者组织的领导者。

人类已经完全理解了货币的概念，相信了信用的概念，所以人类在物质交换和商品价值评估上，不仅仅考虑某个商品现在的价值，同时也计算这个商品未来的价值。也就是说，围绕着这个商品或者在这个商品流通过程中创造出来的新的公司或者类似业务集合（商业模式）的评估都考虑了现在和将来的价值。所以，在今天的商业社会中，绝大多数所谓的商业模式的创新，其实本质就是利用某种具体的商品或者需求，创造一个更加复杂的盈利模式。如果有成功的案例或者成功的迹象，就会改变人类对于这个虚拟模式的理解，从而相信这个虚拟的模式，更多的资本投入使这种模式成为不可能失败的庞大的新的组织，这时候就是商业模式的创新成功。

"所有的商业模式创新本质都是在讲故事"

没有一个组织能够给予组织中成员个体绝对满意的理性回报（例如收入、福利等），所以是否能够创造一个在组织内部完全自洽的虚拟认知体系就显得非常重要，通过这个认知体系来满足这个组织中个体的感性需求（例如受尊敬、成就感等）。是否能够在组织内部创造虚拟的认知体系，决定了这个组织的成本和效率。所以，在现代商业社会中，个体对于虚拟概念的理解深度决定了个体在这个不确定的商业社会中的生存概率，创造虚拟的概念已经是成为企业组织领导者的必备能力。

"没有企业文化的企业是没有出路的"

人类文明在虚拟的方向上不断进化，未来人类科技还会涌现许多重大的变化，可能影响人类文明的变化。

对于绝大多数人而言,未来最大的竞争对手是人类自己创造出来的类人机器。在《未来简史》中,尤瓦尔·赫拉利甚至悲观地认为:"未来只有1%的人将完成下一次生物进化,升级成新物种,而剩下99%的人将彻底沦为无用者。"

可以预见到,人类未来如果想要在和自己创造出来的技术进行博弈的时候,有效地提高自己在人类社会中生存的概率,那么,要不让自己变得更有创意,要不让自己变得更有温度。因为这些工作需要人与人之间的接触,所以在未来的生存竞争中不会被取代。无论是更有创意还是更有温度,这类角色应该是选择和人进行配合、为人进行服务。创意需要被人认可,温度需要被人感知,这样的劳动才是不可替代的。所以,未来人类在生存链中获得资源的核心技能是能够说服别人。

"人类未来的核心竞争力:说服"

说服是让人类零散的个体产生联结的行为。人类通过联结形成了更加强大的组织,公司通过联结形成了新的产业模式。不过,在今天的社会中,说服不是一件容易的事情。我们面对的社会是数据、信息和知识日趋平等的环境。我们面对的是每个个体在同样信息面前但是却有不同的利益和认知的环境。我们面对的不是"帕累托式"的如何一起做大的问题,而是"卡尔多改进"的竞争,这是如何进行利益分配的问题。在这样的环境下,说服是一件非常困难的事情。

"竞争已经不再是共赢，而是零和博弈"

在"并列、递进、因果、相关"中，笔者已经论述了在商业社会中的各种场合下有效说服的方法。概括来说，说服的过程并不是向对方证明一个更正确的结论，而是引导对方从其已经建立的先验认知出发，达成新的认知。

芬兰被认为是全世界人际关系最疏远的国家，据说芬兰人甚至不能忍受在走廊和邻居碰面，并为如何避免这种社交场景而焦虑。但是，芬兰人发明了一种"引导技术"，这是一种讨论交流互动的工具，能够在较快的时间内达成不同利益者之间的协调和互相理解。这种引导技术会在简单的破冰环节后进入CSA 环节。

C（clearance，澄清）环节：这个环节主要是针对问题，每个人从自己的利益和角度出发去探讨，给出自己的答案和看法。然后，将发散的答案和看法合并同类项后张贴在黑板或者墙纸上，再通过投票的方式得到最重要的答案。这个过程存在若干次针对答案和看法的发散和收敛。

这种发散和收敛的方式是"引导技术"的核心。这种技术利用破冰的方式和在教室内张贴的办法，很快形成一个特定的场域，然后在这个特定的场域中采用发散和收敛的方式，也就是"总分总合，分总分合"的并列、递进的逻辑推导，让所有人误认为场域中生成的观点是自己的观点，从而群体意志代替了个人意志，完成了"me→we→us"的心理过程。

S（solution，方案）环节：这个环节针对刚刚形成共识的问题来讨论解决方案。这个环节可以采用一些灵活的方式，刺激大家的灵感和表现欲。在这一环节，同样会完成若干次针对解决方案的发散和收敛的过程，从而形成针对这个问题的解决方案的共识。

A（action，行动）环节：这个环节针对已经形成的方案讨论如何开展行动，每个个体结合自己的资源和岗位来探讨完成这个方案的具体措施。一般在这个环节的最后，还会在时间轴上具体标记自己未来的行为的时间和目标，从而得到针对问题解决的具体个体的行动方案。

我们可以看到引导技术的核心在于创造和利用场域，使用逻辑推导，不断地将个体意识融入群体意识，所有人通过这个过程，认为最后的方案是自己的方案，从而达成共识。这是用于群体达成一致的方法，也很好地验证了笔者提出的在几个个体之间的说服方法的有效性。我们需要找到虚拟的底层认知，或者创造让别人相信的虚拟底层认知，然后在这个基础上通过自己的认知体系的数据、信息、知识和思维的联结，让别人认可你的逻辑推导过程，从而认为最后的结论是必然的，这样就实现了说服。

人类未来进化的方向是理解虚拟层面的事情，在足够深度的虚拟层面建立自己的认知体系，从而具备说服的能力，获得在未来社会中的生存机会。

"系统学习方法论是人类未来进化的工具"

芥子·须弥

未来社会的变化周期是由信息元素的服从律决定的，人类和信息之间的匹配程度决定了人类的竞争能力。人类是通过认知系统处理信息的，所以人类未来的竞争优势体现在认知系统的广度和适用周期上。当然，人类的认知系统一定会随着外部信息的更新和迭代而变化，但是这种变化是被动的，被动的进化是无序的，而无序的进化被环境淘汰的概率是极高的。

所以，需要个体提炼出自己的认知底层主体，使用底层主体去联结所有已经掌握的数据、信息、知识和思维，去联结未来新的数据、信息、知识和思维，在外部观察和内部认知体系使用相同的底层主体，从而避免信息处理的失真，提高决策的准确率。

个体要在对未来社会变化趋势判断的基础上，选择性地联结新的数据、信息、知识和思维，联结新的主体的过程使得认知系统的应用范围不断地扩大，当原有认知主体不能解释新的问题或者不能"续洽"新的主体的时候，原有的认知主体会崩溃，个体会采用更加虚拟的认知底层主体来构建新的认知系统，从而使得认知系统的适用周期和应用范围扩大。

这样的行为是个体主动选择的行为，是一种主动的进化行为，这种进化行为使得个体在社会中的竞争能力极大地增强，从而获得竞争优势。从未来的社会发展趋势而言，掌握对外部问题观察的主体、主体联系和系统的思考步骤，掌握对内利用主体、主体联系和系统的认知系统的构建方式，是人类在未来竞争中的必然选择。

在清晰地认识到自己的认知系统是选择进化方向的基础后，如何找到自己认知系统的主体，构建这些主体之间的联系直到形成认知系统，如何掌握本书介绍的主体、主体联系和系统的学习方法论呢？

在传递这种学习方法论的过程中，笔者观察了大量的学习样本，对比样本完成自我认知系统前后的特征，逐渐归纳出了个体完成自我认知系统的过程阶段；倾听各个专业领域中的专家进行自我认知系统构建的体验，进一步验证了个体完成自我认知系统的过程阶段的普遍性。虽然在"关于顿悟"中将这个过程分成了三个阶段，但是仅仅介绍了不同阶段学习的对象和基本原则，在这里笔者会把具体的步骤讲解清楚。

个体首先需要完成大量的主体的学习，这个过程属于学习的初级阶段，在初级阶段主要是对大量数据、信息和知识的记忆。在这个阶段对于这些主体的掌握是完成个体和信息社会之间对接的基本能力要求，在学习过程中被称为通识教育阶段。

然后，个体需要选定一个专业领域，进一步学习这一个专业领域的数据、信息和知识。目前的高度社会化分工和信息的高速膨胀，注定了个体在进行劳动力创造价值的时候是在某一个细分专业领域中。当然，很多个体在选择专业领域的时候带有很大的盲从性或者随机性。

总之，个体需要在这个专业领域中开始学习丰富的数据、信息和知识，尝试用这些主体去观察事物和解决问题，在实践的过程中去验证和进一步掌握这些主体之间的逻辑关系，从而初步具备把握不同主体之间联系的能力，开始出现将数据、信息和知识用思维的方式进行联结再构的行为，能够针对一些具有规律性的问题提供解决方案。

这个阶段的学习都是属于对已经存在的知识主体的记忆。由于信息的检索和传播工具的普及，个体的认知系统如果停留在这个阶段，在社会竞争中的竞争力就不会很强，仅仅能够从事一些高规律、重复性的工作。

接下来，个体的学习将会跳出原有的专业领域，进行大量的其他学科和领域的学习，在这个阶段中的学习初期并没有什么目的，只是单纯的阅读和理解。当然，由于没有建立起新的知识主体和原有知识主体之间的联结，而在实践中又不会针对这些主体进行验证，所以这些主体会被遗忘丧失得非常快。在这个阶段，个体需要通过扼要记录的方式，将自己认为有趣或者值得记忆的主体抄写下来，或者通过思维导图的方式，把新的主体采用结构化的方式勾勒出来。这个阶段的学习属于新主体的累积阶段。

教育家、出版家王云五曾提出："为学当如群山式，一峰突起众峰环"。他在一次毕业式致辞中说：

"大家定必知道，山往往是相连的，一群的山也定不止一个峰；这些峰有高有低，最高的称为主峰，其它为众峰，主峰譬如是主修的专科，众峰譬如是副修的相关专科。……诸位同学毕业以后，除了就主修的专科继续深造外，还需利用余暇，就副修的相关专科，继续加深和加广，换句话说，就是从一科的专材，进达为有关各科的通材。"

在这个阶段的学习中遇到的入门问题是：学习者应该选择什么领域的什么书籍进行学习？这个阶段的学习没有学科的限制，也没有具体系统的教育课程，绝大多数时间是学习者的自发行为。通常学习者会采取两种方式：

第一种方式是根据流量排名来进行选择，当然这种方式并不适合。因为在商业社会中所有的流量都是为了增加购买的概率，所以通过流量选择的书籍，绝大多数只是以"书籍"形式出现的商品，而不是知识的集合。

第二方式是寻求周边专业人士的推荐，这种方式在绝大多数场合下也是无效的。这是因为学习是有不同阶段的，不同阶段学习的客体是完全不同的。除非周边的专业人士非常了解学习者的"最接近能力区间"，否则推荐的书目往往会让学习者非常沮丧。学习者完全不能感受到这些书目中的主体的存在，也就谈不上提炼新的主体的目的。

更为可怕的是，这个阶段的学习是没有实践的，也就没有任何实际的回报，谈不上问题解决能力和决策正确概率的提高。由于没有正向循环刺激，因此这个阶段很容易出现大量的欺骗性学习。

进化首先是无序和试错的，所以学习者度过这个阶段需要进行尝试：选择不同的书籍，直到找到一本适合自己阅读的，在这本书中能够找到自己有所感悟和有兴趣的主体，将其记录下来。接下来，学习者只需要在参考书目、注解和引文中寻找，就会找到更多的适合自己的书籍。沿着这个思路，就会找到许多适合学习者"最接近能力区间"的书籍，使得学习者不断累积更多有效的知识主体。累积足够有效的知识主体是决策的基础，在复杂的商业社会中，获得主体的领域需要非常多元，要同时具有技术角度、商业角度和人文角度，才能在对复杂问题进行观察并提炼主体的时候尽量避免缺失。

T（技术角度）：产品　运营　模式　科技
B（商业角度）：战略　营销　组织　金融
D（人文角度）：人文美学　认知革命　创新思维　个人成长

认知系统主体来源（TBD)

在完成不同学科的阅读、进行知识主体积累的同时，学习者要快速地进入下一个阶段。在这个阶段，学习者需要刻意地建立新的知识主体和原有专业领域知识主体之间的联结，探寻是否可以用其他学科的知识来解释原有学科的知识，寻找其他学科知识和原有学科知识之间的联结，寻找不同边界下知识主体之间的联结。这种行为是学习者的刻意练习。这些新的知识联结已经不是对具体的书籍上的知识主体的记忆，而是学习者在积累了一定的主体之后，寻找主体之间联结的主动行为，这种主动行为表现为学习者会突然具有灵感，体验到一些新的想法。因为灵感很容易遗忘，所以这个阶段的学习者的特征是随身携带本子和铅笔，通过不断涂抹的方式记录自己的灵感。

"高手都是用铅笔的"

在这个阶段，还要注意学习者需要主动和周边的人分享自己的灵感，分享的方式要尽量地仪式化。例如，通过一些社团组织或者读书会的方式，借助分享来获得正向循环刺激，从而能够持续进行学习。

经历了以上阶段，学习者开始逐步具备了使用不同学科观察问题的能力，逐步具备了提供超越常规解决思路方案的能力。学习者不断地刻意练习在观察问题的时候采用不同的主体作为观察视角，构建这些主体之间的联系，从而更好地预测主体联结在一起的系统的发展趋势。

刻意练习极大地固化了学习者对于知识的掌握程度和处理问题的思考步骤。一般而言，在这个阶段，学习者的认知系统已经开始超过了绝大多数竞争者，在自己的专业领域中出现了属于自己原创的作品或者想法，能够系统地界定问题和解决问题，在其专业领域中达到专家级别。在进入这个阶段后，学习者已经能够通过实践认知系统的方式获得具体的物质回报，掌握更多的资源提高自己的竞争力，进入真正的学习正向刺激循环之中。

当然，在以上的学习阶段，学习者的认知系统是不断变化的，学习者只能通过不断的实践，通过解决问题的结果来验证每一次观察的正确性。学习者为了趋于更加精确地描绘给定外部问题的真相，更好地解释这个外部问题的过去和预测其发展趋势，避免在感知和处理数据、信息、知识环节的失真和遗漏，会在实践中不断尝试寻找几个关键的词语或者原则，把这几个关键的词语或者原则作为自己认知系统的底层主体，使用这几个主体可以钩稽和联结该个体所有已经掌握的数据、信息和知识，也能包含未来即将得到的新的数据、信息和知识。学习者通过这样的方式，使得自己所有掌握的知识形成了一个自洽的系统，通过这个自洽的系统极大地提高了知识的记忆和检索的速度，也极大地提高了处理问题和做出决策的能力，这个时候属于个体认知层面的自我创造，学习者则已达到其专业领域的大师级别。

当然获得"系统"是需要刻意练习的，也需要一定的运气，学习者需要不断地在实践中尝试用几个底层的角度去观察世界、解决问题，通过实践来验证可以采用非常简单的一些原则和主体来解决非常复杂的问题。非常有意思的是，在对获得这样的认知系统质层面的多次进化的案例观察中，笔者发现构成个体认知系统的主体数量会越来越少。例如，开始的时候采用"产品、价格、渠道、促销、人员、流程、物证"七个主体观察商业社会，逐渐会变为以"人、财、物"三个主体作为底层认知核心主体，最后会使用"正、奇"两个主体来看待世界。

在第二部分的"需求"一章中，我们会谈到在现代商业社会中，很多卓有成效的商业领导者在观察商业社会的时候，在判断新的商业模式成功概率的时候，往往采取人性底层的角度进行观察，这样会使推导出正确决策的概率极大地提高。也就是说，这些卓有成效的商业领导者很有可能只有"人性"这一个主体来应对所有的复杂问题。

"奥卡姆剃刀原则：如无必要，勿增实体"

当个体清楚地认知到自己的底层主体系统后，基于未来环境变化的趋势，个体可以有选择性地添加新的主体进入其认知系统，通过底层系统联结这些新的数据、信息和知识，从而极大地拓展认知系统的适用范围和应用领域。这个时候，个体的认知系统的进化已经不是被动的，而是个体的主动选择行为。这种个体认知系统的进化是量层面的变化。

当然，个体的认知系统不可能完全解释所有的问题。能力越大，责任越大，随着个体认知系统验证的有效性越来越强，个体也会开始着手处理越来越复杂的问题。虽然随着认知系统的不断进化，个体在竞争中获得的竞争优势越来越大，但是个体也越来越痛苦。

当个体认知系统遇到不能解释和预测的问题，或者遇到新的主体完全和自身认知系统无法"续洽"的时候，学习者只能寻求更加底层的主体来包容更加复杂的问题，来涵盖更多的不同边界的知识，使用更加虚拟的概念来组合自己新的系统，获得顿悟后的顿悟，这是个人认知系统质层面的变化。所以，随着个体认知系统的不断进化，其认知系统联结的主体越来越多，适应范围不断扩大，但是其认知系统的底层主体却越来越虚拟。

德国天文学家开普勒提出的关于行星运动的三大定律，构建了一个关于解释和预测行星运动的认知系统。

第一定律（椭圆定律）：每一个行星都沿各自的椭圆轨道环绕太阳，而太阳则处在椭圆的一个焦点上。

第二定律（面积定律）：在相等时间内，太阳和运动着的行星的连线所扫过的面积都是相等的。

第三定律（调和定律）：各个行星绕太阳公转周期的平方和它们的椭圆轨道的半长轴的立方成正比。

这个认知系统应用在天文学领域，主要解决航天类的问题。

根据第三定律不难推导出：行星与太阳之间的引力与半径的平方成反比。牛顿在这个基础上，于1687年在《自然哲学的数学原理》中提出了万有引力定律：$F=(G \times M_1 \times M_2)/R^2$。牛顿重新构建的系统底层主体是质量、距离。

毫无疑问，这个认知系统的底层主体更加虚拟，但是这个认知系统的适用范围和解决问题的有效性却极大地增强：万有引力定律可以适用于数学、自然哲学、物理学等多个领域中。

后来，爱因斯坦试图将时空关系用一个公式来进行描述：

$$R_{uv} - \frac{1}{2} \times R \times g_{uv} = \kappa \times T_{uv}$$

这样的认知系统就更加虚拟，甚至超出了正常人的理解范畴。

"理解虚拟概念的深度决定了你在这个不确定的商业社会中的生存概率"

唐朝时，江州刺史李渤问智常禅师："佛经上所说的'须弥藏芥子，芥子纳须弥'，我看未免太玄妙离奇了，小小的芥子怎么能容纳那么大的一座须弥山呢？"

智常禅师听了李渤的话后，轻轻一笑，转而问："人家说你'读书破万卷'，是否真有这么回事呢？"

"当然了！当然了！我何止读书破万卷啊！"李渤显出一派得意扬扬的样子。

"那么，你读过的万卷书现在都保存在哪里呢？"智常禅师顺着话题问李渤。

李渤抬手指着脑袋说："当然都保存在这里了。"

智常禅师说："奇怪，我看你的头颅只有椰子那么大，怎么可能装得下万卷书呢？莫非你也在骗人吗？"

李渤听了之后，当下恍然大悟。

认知系统越是建立在虚拟的主体之上，越是能够揭示时间和空间不断变化的事物真相，越是能够解决复杂而且宏观的问题。所以，人类的认知系统主动进化的两大趋势是：越来越虚拟，主体的数量越来越少。

经过第二章和第三章的补充后，让我们再来完善一下有效学习的特征：

（1）能够采用社交行为来接近、模拟和镜像认知水平超越自己的人，从而快速提升自我认知水平。

（2）能够界定自己的最接近能力区间，为自己设定一个小目标使得自己进入学习的正向循环区间。

（3）能够通过正向循环区间的心理特征，为自己构建延迟享受的能力。

（4）能够尝试将已经掌握的数据、信息和知识，按照主体、主体联系和系统的方式不断地进行组合。

（5）能够尝试使用主体、主体联系和系统的角度去观察和解决身边的问题和挑战，进入实证校验的阶段。

（6）在不断思考和实证的基础上，为自己建立一个底层核心主体系统，尝试使用几个词语和原则作为思考的核心去解释所有的问题，从而清楚地寻找到自己的认知系统。

（7）能够正确地认知到自己构建的核心底层系统在解决新问题方面的不全面性和缺陷，保持学习的饥饿感，不断吸收新主体。

（8）保持持续的循环，通过不断地吸收新的主体使得自己的认知系统产生量的进化，通过不断再构认知系统达到认知系统质的进化，从而构建生存优势。

美国人类学家玛格丽特·米德（Margaret Mead）在《未来与文化》一书中提出了著名的"三喻文化"：后喻文化、同喻文化（并喻文化）、前喻文化。后喻文化是年长者向年幼者传授、年幼者向年长者学习的文化；同喻文化是同代人之间相互学习的文化；前喻文化是年幼者向年长者传授、年长者向年幼者学习的文化，知识以解构、重构、反哺等多元化方式产生和扩散。今天的社会已经从后喻社会进化到了前喻社会，知识需要个体自己不断地通过吸收、结构、重构的方式来获得，以应对社会环境的变化，这种变化是不以个人喜好为前提的，而是以进化淘汰的方式进行筛选。所以，掌握学习方法论在目前看来比较超前，但是在不远的将来一定会成为教育的主要方向。

在接下来的第二部分，笔者将会介绍根据"需求""供给""方法"三个底层主体构建的商业社会观察角度，读者通过阅读第二部分可以快速掌握在现代商业社会中洞察本质的能力。

Part 2
观察角度

THE CODE OF EVOLUTION 进化密码.

快速掌握观察商业社会规律的角度

Part 2 观察角度

04

需求

需求的特征……113
观察需求的方法……142
满足需求的要点……161

05

供给

匠心精神……185
互联网精神……190
组织创新精神……194

06

方法

定义问题……204
解决问题……223
忍受问题……237

第四章
需 求

第四章 需 求

当我们努力开始建立一种秩序的时候,无论是个人的秩序还是组织的秩序,甚至是社会的秩序,我们往往是从目前存在的问题开始。

我们默认秩序——或者说经过计划的方案或者制度——能给个人、组织或者社会带来有序的行为,避免了混沌和无效的浪费,使个人、组织或者社会的行为更加有效率和效益。

我们开始解决一个问题的时候,首先要将问题转化为目标,目标决定了方案和制度的设计方向。值得注意的是,对于同一种问题,由于立场偏好的不同,所要实现的目标并不相同。在解决问题的时候,我们首先要假定个人、组织或者社会的偏好系统。对于组织或者社会而言,偏好系统往往不是那么清晰可知,对它的认识需要建立在对个人的偏好进行大量的假设和求证的基础上。没有掌握个人偏好系统,人们就无法去研究如何建立组织和社会秩序。

那么,人类所有的问题的来源是什么?人类所有的问题都来源于需求。当然,需求所引发的问题有很多种:有关于需求的满足问题,有关于需求的分配问题,有关于需求的获得问题。但毫无疑问的是,需求是解决所有问题的前置要素,只要清晰地掌握了真正的需求,那么所有问题都会迎刃而解。

"众生畏果，菩萨畏因"

让我们把问题仅仅局限在商业社会中。解决商业社会中关于企业和社会组织成功的问题有三种角度：更好的"供给"、更好的"需求"、更好的"方法"。

采用"供给"取得成功的企业有很多。"消费者想要的是一辆跑得更快的马车"，福特却给了他一辆汽车。这种成功的企业能够提前预见消费者的需求，创造出完全不同的消费解决方案。在这方面成功的企业会比较痴迷于科技创新的商业化应用，被称为"引导消费"流派。

采用"方法"取得成功的企业也有很多。例如，每一款新的社交媒体出现后，利用这种新媒体的流量成本较低的优势，就会产生一批规模很大的商业企业。在这方面成功的企业会比较关注新出现的媒体工具和营销手段。

不过，无论是"供给"角度还是"方法"角度，其实还是回归到关于"需求"的思考，对商业社会整体的观察总是先从"需求"开始的。介绍"需求"要从三个方面来完成：需求具有的特征、观察需求的方法以及满足需求的要点。

（引导消费）**供应** ⟷ **需求**（满足需求）
方法
（营销方法）

供给、需求和方法

需求的特征

一、需求分层化

首先，需求具有分层的特征，认识需求的分层性是掌握需求特征的第一原则。

• **Need 和 Demand**

需求在经典的西方管理学中被分成"Need"和"Demand"。其中，Need 是指没有支付能力的需求，Demand 是指具有支付能力的需求。

关于"Need"和"Demand"的区分，最开始并不是彼得·德鲁克（Peter F. Drucker）在经典管理学中界定的支付能力差别，而是西格蒙德·弗洛伊德（Sigmund Freud）在 1923 年解释意识和潜意识的形成和相互关系时的解释："本我"（完全潜意识）代表欲望（Need），受意识遏抑；"自我"代表需求（Demand），负责处理现实世界的事情，大部分有意识；"超我"是良知或内在的道德判断，部分有意识。也就是说，在心理动力学的结构理论中，"Need"和"Demand"被区分应用，其中 Need 是不受任何约束的需求，而 Demand 是受到约束的需求。

在本书第一部分曾提及"道可道，非常道；名可名，非常名"。在学科的发展中，当人类触及前沿知识的时候，必须采用一个新的名词或者赋予既有名词一个新的含义。专业领域的专家和组织的领导者必须具有这样的能力，这种能力是创造虚拟概念从而构建系统的基础。

"五新战略：新零售、新金融、新制造、新技术、新能源"

彼得·德鲁克在营销管理学中借鉴和使用了这个概念，并且将其含义进行了缩小。传统的营销学建立在满足有支付能力的需求（Demand）的基础上，所有的方法和研究都是为了更好地服务目标消费者，而目标消费者是被默认为有支付能力的。

企业的商业模式有三层：底层是具体的产品和服务，中层是怎么把这样的产品和服务卖出去，上层是如何盈利。传统的商业企业在商业模式中将这三个层面建立在完全相同的基础上：某种具体的产品或服务。例如，对于传统的机械制造行业，底层是具体的机械产品，中层是通过机械产品的种类和性能来说服客户，上层是通过机械产品的销售定价和制造成本之间的差额来获得盈利。

但是，今天非常多的企业已经摆脱了这种传统商业模式结构。例如"一条"公司，其商业模式的底层是"五分钟的生活美学视频"（免费满足Need）；中层是通过视频来聚合具有溢价支付能力的客户，形成客户和企业品牌之间的信任；上层是通过电子商务和自营门店的方式售卖具有美学设计感的居家产品和生活用品来获得盈利（收费满足 Demand）。

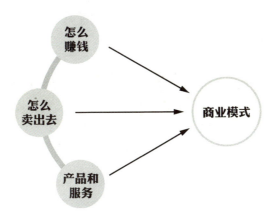

商业模式的三个层面

奇虎公司将杀毒软件产品免费提供给消费者，获得了大量的没有付费的用户。这些用户在使用电脑的过程中，存在对非杀毒类软件的需求，奇虎通过软件推荐和应用软件排名的方式获得了更多的盈利。用户通过杀毒软件的界面平台产生了其他购买行为，从用户成为客户。用户是没有支付能力和支付欲望的，客户是具有支付能力和支付欲望的，新的商业模式试图将这两者进行转换。

也就是说，今天有非常多的企业，为了获得消费者和企业之间的联结，会利用某种中高频的基础需求作为媒介，以低价和免费的方式来满足这种中高频的基础需求，从而获得消费者。即使消费者没有充足的支付能力或者支付欲望，但是只要消费者持续地和企业发生联系，就一定会有将来购买相关类别产品的可能性。

而通过低价和免费的方式获得消费者,会对原有行业产生致命的打击,因为在低价和免费的竞争手段面前,消费者根本不存在忠诚度。

"在物质过剩的年代,消费者已经不需要对品牌忠诚"

从这种意义上而言,瑞幸咖啡和星巴克采用了完全不同的商业模式。看起来都是以咖啡等饮品作为基础产品来接触消费者,星巴克的商业模式停留在产品品牌层面,而瑞幸咖啡的意图是通过强大的资本实力,以低价和免费的方式,利用底层的咖啡产品层面来获得消费者,从而打造一个具有较高支付能力的消费场景入口。

这种竞争行为被称为"降维攻击"。降维攻击最早出现在刘慈欣所著《三体》一书中,就是将被攻击目标本身所处的空间维度降低,致使目标无法在低维度的空间中生存从而毁灭。对于商业竞争行为而言,在低价和免费面前任何方法都是无效的,所以今天有非常多的企业采用了这样的方式来摧毁和破坏原有行业的规则,从而获得竞争优势。

但是,如果通过低价和免费的方式破坏了原有规则,那么这个行业在产品层面就无法获得盈利,产品只能实现维持消费者和企业联结的作用,对于企业而言就必须打穿这个行业的上下游链条,或者引入相关的其他类产品来获得盈利。也就是说,当单一业务环节被资本通过低价和免费的方式打穿后,虽然形成了竞争优势，但是也丧失了盈利的可能，只能通过产业链的纵向延伸寻找盈利可能性。目前几乎所有的行业都出现了这种产业链上的纵向延伸趋势。

这种竞争态势如果持续下去，未来几乎所有行业的中高频消费场景都会由于大资本的进入而成为消费流量的入口，因此未来很有可能仅剩下两种公司：广告公司和电商公司。

"未来所有的企业之间都是竞争关系"

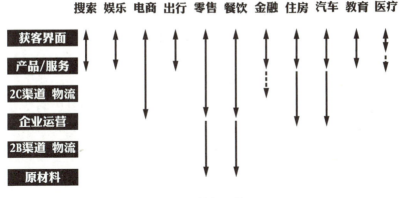

产业链纵向延伸

- **理性和感性**

需求分层化的第二个解释是，满足消费者的需求分为理性需求和感性需求。毫无疑问，对于企业而言，感性需求是非常重要的，因为绝大多数产品在理性层面没有竞争差异，必然无法获得超额回报。感性价值才能够让企业获得超额回报，所以企业力图通过产品传递超过产品本身的感性价值来构建竞争壁垒。

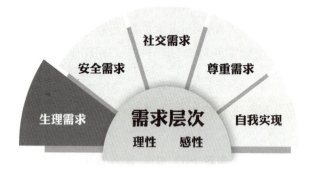

消费者的需求层次

但是在实际的商业竞争过程中，由于消费者突然具有了免费的发声渠道，因此消费者能够非常容易地影响到身边消费者的消费选择。在信息化的商业社会中，产品本身层面——也就是说理性层面——往往成为赢得消费者青睐和构建企业核心壁垒的关键因素。

 "所有高频交易的决定因素，最后都是产品本身"

"新零售"的概念提出两年后，新零售概念践行者——永辉超市的"超级物种"关闭了自己首家门店。通过更好的购物环境、更好的支付流程、更快捷的获得方式，可以让消费者体验到更多的购物感性价值，但是所有高频交易最后都会回归到产品本身。也就是说，产品本身的理性价值和感知价格之差，才是消费者满意度的真正来源。从这个意义而言，目前的新零售的命题并不成立，如何通过信息化更好地连接消费者和生产者，通过柔性化产业链提供更多的理性价值才是真正的新零售。

当然，感性价值还是非常重要的，因为感性价值能够帮助企业构建自己独一无二的竞争壁垒。企业可以把一种声音、一种图案、一种颜色、一种理念、一种生活态度和自己产品的交付过程联系在一起，通过和消费者之间五次以上的产品消费触达，实现消费者对于这种产品的复刻记忆，这种复刻记忆复合了这种产品的理性价值和感性价值，成为消费者购买过程中的驱动力，我们把它称为"品牌共鸣"。

"道路千万条，安全第一条，行车不规范，亲人两行泪"，是电影《流浪地球》中反复出现的台词。这句台词并不押韵，也并不上口，但是却成为该影片进行口碑传播的重要素材。通过重复性的场景冲击，反复强调没有任何关系的两个主体之间的因果和相关关系，即使是没有任何逻辑的武断，但是在经过一定频次后，人类都会记忆下来并且将其作为认知系统的"先验"。

"人类的本质是复读机"

目前的商业社会在构建消费者对于品牌感性价值认知的时候，所采用的手段非常复杂：不仅仅是通过传统的文字和图片方式来构建认知联系,甚至进入了最底层的生理感知层面来完成这样的认知联系。例如,高端商场和宾馆会采用较低的温度来激活人的嗅觉敏感,同时采用独一无二的气味来反复诱导消费者对于该消费场景的价格区间认知。

- **公共物品和私人物品**

在人类社会发展的过程中,和人们生活息息相关的商品,还是私人物品居多。由于私人物品的实证成本较低,对于私人物品的研究驱动更强,因此这一领域的学科发展得比较迅速。在这个领域,我们一直遵循的是亚当·斯密(Adam Smith)强调的"人们追求的是自身利益最大化"。在人类经济秩序建立的时候,我们认可和承认,我们生活在基于每个人都追求自己利益最大化的偏好假设之上的系统之中。在经济学发展历史上,涉及人类建立经济秩序的时候,这个偏好系统几乎已经成了一个真理。

私人物品决策的权利应该交还给个人主体。亚当·斯密基于每个人都是经济人的假设,强调需要价格体系的出现,人们在这样的假设下,在追求自己利益的时候,就是做了符合整体利益的事情。这样就完美地协调了每个人的决策动机和最后整体社会经济效率之间的关系。

但是,世间除了可以自由交换的需求之外,还有一种不能由私营部门通过市场提供,而必须由公共部门以非市场方式提供的物品或劳务,被称为公共物品。公共物品具有三个方面的特性:

（1）效用的不可分割性：公共物品是向整个社会提供的，具有共同受益或联合消费的特点。全社会的人可以共同享用，而不能将其分割为若干部分，分别归属于某些个人、家庭或企业。

（2）消费的不排他性：某些个人、家庭或企业对公共物品的享用并不影响、妨碍其他人、家庭或企业同时享用。

（3）受益的不可阻止性：在技术上没有办法将拒绝为之付款的个人、家庭或企业排除在公共物品的受益范围之外。

萨缪尔森（Paul A. Samuelson）1954年在《经济学和统计学评论》上发表了《公共支出的纯理论》。在这篇论文中，他首先提出了"公共物品"的明确定义。他认为，公共物品具有非竞争性和非排他性，生产公共物品中的不完全竞争和外部效应导致了大量的市场失灵现象，所以公共物品必须通过政府干预和提供，来保证公共物品具有效率、平等和稳定三个作用。这就是说，公共物品在处理需求上和私人物品有一定的区分，在效率的基础上同时强调平等和稳定。同时，公共物品在供给上和私人物品也有很大的区别，很可能并不存在足够充分的竞争主体参与。

哈丁的公地悲剧模型、囚徒困境模型以及奥尔森的集体行动逻辑是人们熟知的三种有影响力的公共物品博弈竞争模型，这三种模型都揭示了公共物品供给和公共事物治理的复杂性。公共事物治理的过程中，个人理性的结果往往对于集体选择而言却是非理性的，这种个人理性往往会导致公共事物最后结果的恶化，也会导致公共事物在发展过程中丧失可持续发展的可能性，个人理性导致了集体利益和个人长远利益的损失。

"构建繁荣商业社会的利己,成了人类追求更美好生活的障碍"

在今天的商业社会中,由于私人物品领域已经高度饱和竞争,因此现在很多的商业模式都已经从原来的满足私人物品需求慢慢过渡到满足公共物品需求。当然,私人物品需求和公共物品需求之间是没有清晰的界限的,有大量介于这两者之间的准公共物品需求。而且,同一种产品在不同的时代,有可能是公共物品,也有可能是私人物品。

打车软件创新商业模式,很好地通过信息化的手段提高了驾驶员和乘客之间的乘坐效率,通过集中化的信息平台收集到了消费者数据和信息,从而传统的出租车行业管理公司和平台受到了极大的竞争压力。这种商业模式的创新就是企业进入了原来的准公共物品领域之中进行摸索。

但是,由于频繁发生的治安事件,极大地影响了打车软件类公司的声誉,也使得整个行业的后续发展受到了极大的公共政策阻力。

在准公共物品和公共物品领域进行商业模式创新的企业,必须明白需求具有公共属性和私人属性。由于这类需求所具有的私人属性和公共属性不能分割,因此企业不能只进行可以收费和获得盈利的私人需求属性代理,对效用不可分割和消费不排他的公共需求属性同样也要代理,并不能将这类需求中的公共属性视为成本而忽略,忽略的后果会引发极其严重的企业危机。

打车首先满足的是将人从 A 地点运送到 B 地点的需求，但是在运送过程中，存在两种需求。

首先，是私人物品需求。从 A 到 B 的过程中，按照距离和车型，是可以进行单独计费的。它具有竞争性，也有排他性，所以它满足的是非常典型的私人物品需求。

其次，在从 A 到 B 的过程中还存在公共物品需求。这是保证安全、不遭受骚扰的需求，这个过程是具有非竞争性和非排他性的。所以，几乎所有的出租车公司都是有行业协会进行统一管理的，由行业协会对违反规则的驾驶员进行惩罚。

当企业在代理这类需求的时候，由于公共物品不能被单独计费，因此几乎都选择尝试将公共属性需求剥离掉，试图仅满足私人属性需求。但是，打车软件行业的发展历程证明了消费者并不认可这种选择性满足的商业行为。所以，打车软件公司在后期投入了大量的资金，进行对出租车驾驶员的前置审核，处理乘客和驾驶员之间的纠纷。这个时候的投入并不能视为成本，应该是作为企业在这个领域进行需求代理的必然投入，作为社会责任来处理和看待，这样会让企业走得更远和更好。

- **需求细分**

通过以上内容，了解到了需求具有分类化的特征。在进行需求观察的时候，作为企业组织的领导者，最基本也是最核心的能力，就是对消费者需求进行分类，也就是在市场研究（STP）中提及的第一个阶段：做市场细分（segmentation）。

常见的市场细分有三种方式，分别是：对消费者进行不同维度属性的观察组合，对消费者使用产品的消费路径进行要素提炼，以及对消费者的人性本质进行底层驱动。

企业将自己的产品和某一类别的具体需求进行关联，是需求细分的第一种方式。例如，日化品的去屑、营养、柔顺、防脱，这些功能分别对应一些品牌。消费者在该需求出现的时候，会自发地联想到该品牌，从而进行购买。如果企业能够构建这种需求细分和产品品牌之间的联结，那么对于企业而言就有了极强的竞争壁垒。

但是，这种方法仅适用于社会消费化浪潮启动初期，供给并不充分的情况，或者是出现了新的需求，但是还没有较强的产品品牌与之联结的情况。

例如，在2018年足球世界杯期间有三家企业做的广告受到了受众的强烈抨击，因为广告的内容是简单的需求重复：

"找工作，直接跟老板谈！找工作，上BOSS直聘！升职！加薪！升职！加薪！找工作，直接跟老板谈！找工作，上BOSS直聘！"

"旅游之前，先上马蜂窝。为什么要先上马蜂窝？旅游之前……为什么要先上马蜂窝？旅游之前……为什么要先上马蜂窝？旅游之前，就要先上马蜂窝。"

"你知道吗？你真的知道吗？你确定你知道吗？你真的确定你知道吗？有问题上知乎。"

百度搜索指数和下载量告诉了我们与舆论背道而驰的答案。以马蜂窝为例，在世界杯期间其连续几天占据了Apple

Store 热门搜索第一位,在旅游服务需求领域的用户增长远超预期,广告达到了需求和产品之间连接的目的。

当然,随着消费社会的供给不断丰富,所有的需求维度都会被相关的产品品牌占据,这个时候需要利用多个维度的组合来更好地对消费者进行细分。男士去屑、中老年手机就是采用了性别和功能、年龄和功能这两个复合维度进行的市场细分的产物。随着产品竞争的越发激烈,可能会出现三个、四个维度以上的组合来对消费者进行需求细分。

"35 岁以上月收入 5 000 元的都市白领男性"

这样的消费者维度细分观察方法,已经随着消费社会的不断发展而失效了,在商业环境比较复杂的社会中不再适用。当然,也不是目前所有的企业都不适用这种方法,只是成功案例比较少,适用环境比较特殊。某知名微信公众号初期的市场细分定位是"医疗健康信息和服务",其粉丝数量受到该细分市场容量的限制,在 2017—2018 年一直保持在六百万左右。2018年,该公众号通过对保健品传销乱象的深入报道,成功地将市场细分定位确定为"生活健康",其粉丝数量迅速增长,突破一千万。

随着供给越来越丰富,进行市场需求细分的方法也随之变化。2014 年由《外滩画报》前总编徐沪生创办的"一条"公司,是一个原创短视频制作及电商平台。该公司初期的需求细分定位是要做适合未来阅读形式的内容。但是,在当时已经有了一

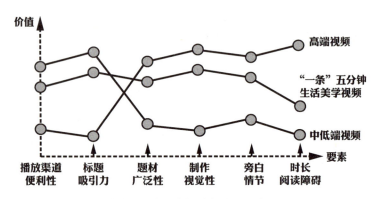

"一条"公司的要素提炼与市场需求细分

些高端视频内容，也有一些搞笑段子之类的用户创作的低端视频。所以，"一条"根据消费者使用产品的消费路径进行要素提炼，然后通过这些要素组合来找到一个新的消费需求细分市场，快速地切开了阅读市场并获得了用户。

当然，根据消费者的消费路径进行要素提炼，从而完成需求细分的方式，也随着供应更加丰富而慢慢失去了应用环境。目前，很多取得了快速增长的公司都是根据消费者的人性本质进行底层驱动，来达到对细分需求市场的占领。这种分类脱离了产品层面的观察，而是进入了人类最底层的需求驱动分类：色欲、贪婪、虚荣和懒惰。

诺贝尔生理或医学奖获得者阿尔维德·卡尔森（Arvid Carlsson）确定多巴胺为脑内信息传递者的角色，这种脑内分泌物和人的情欲、感觉有关，它传递兴奋及开心的信息。多巴胺也与各种上瘾行为有关。科学家指出，多巴胺可对我们在短时间内采取行动或做出决策的可能性产生重大影响,精确控制我们在短时间内做出的决策,只要测定制定决策前大脑中的多巴胺水平,便可准确判断决策结果。

虽然这是在医疗领域的发现,但是其最广泛的应用却不是在医疗领域(例如用于治疗帕金森病,精神分裂症,Tourette综合征,注意力缺陷多动综合征和垂体肿瘤等),而是在商业领域。

美剧《黑镜》第五季第二集讲述了一个沉迷于社交网络软件的中年人,他在开车的时候拿起手机看一个叫"碎片"的应用程序推送的消息,不料发生车祸而失去未婚妻。他内心愧疚,不能释怀,而把原因归咎于开发"碎片"这个应用程序的公司的CEO,挟持人质要求与其通话以求解脱。

在剧中,该公司的CEO说他自己也无法控制这个应用程序了,因为他们公司为了更多的用户、更长的使用时间,设立了"多巴胺"部门。

这是真实存在的现象。现在商业机构已经能够非常成熟地利用人体的多巴胺分泌原理,借助产品构建不断的快速反馈,刺激用户达到兴奋从而操控用户。

尼尔·埃亚尔(Nir Eyal)和瑞安·胡佛(Ryan Hoover)在《上瘾》(Hooked)一书中,揭示了很多让用户形成使用习惯甚至"上瘾"的互联网产品背后的基本设计原理,告诉企业怎样打造一款让用户"欲罢不能"的产品。在书中,作者提出了"上瘾模型"(Hook Model),即通过四个方面来养成用户的使用习惯。通过连续的"上瘾循环",让用户成为回头客,进而实现循环消费的终极目标,而不是依赖高昂的广告投入或泛滥粗暴的信息传播。

"上瘾模型"

已经有大量的企业开始使用这样的"上瘾模型",通过对于用户底层需求的满足来达到不断刺激用户的目的。当有大量的企业都采取了这种需求细分的方式来满足消费者时,企业的产品即使在品类或者功能上有所差别,但是其实最后都是竞争关系,因为它们面对的是相同的人性底层需求。

互联网行业对于《三体》中的"黑暗森林法则"的高度认同,揭示了这个行业目前的竞争态势:原则上所有的互联网企业之间都是竞争关系。因为所有的互联网企业传递产品所借助的终端是相同的,而且用户在手机终端上的使用时间几乎达到了极限,手机使用时间增长的空间已经很小了。所以,从需求细分的底层角度来观察,所有的互联网企业之间都是竞争关系。

"黑暗森林法则:
你知道我的存在,或者让你存在,对我来说都是危险的"

随着信息化在商业模式创新和发展中的进一步渗入,未来所有商业模式都会面临在相同信息通道展开竞争的局面。随着商业竞争日趋激烈,企业倾向于通过免费或者低价的方式获得用户,再通过打穿产业链来进行客户转化,所以未来企业的本质不是电商公司就是广告公司。这些在竞争博弈中无法避免的趋势,使得未来所有的企业从需求细分的底层来看都是竞争对手。

"向深渊窥探了一眼,就知道我们将深陷其中,无法自拔,继而永堕"

二、需求碎片化

查尔斯·J. 福克斯(Charles J. Fox)和休·T. 米勒(Hugh T. Miller)在《后现代公共行政:话语指向》(*Postmodern Public Administration: Toward Discourse*)一书中提出我们面临的是后现代主义的消费社会。正如查尔斯·J. 福克斯和休·T. 米勒所说,我们的社会从笛卡尔的"我思故我在",到马克思的"我生产我劳动,故我存在",到现在的"我购物消费,所以我存在"。当大多数人摆脱了流程化工作,很多人不再为了生计而群体性地制造商品，为了满足生产制造而进行交流的语言学基础就失去了意义。由于分工的精细，我们不再需要和别人进行面对面的真实沟通，通过自己在某一个精细分工环节中的劳动价值提供就能满足自己的全部消费需求。当我们不再需要面对面的沟通，微信、微博等社交媒体工具把我们的交流方式变成了一种独白式的交流，单向性的语言导致了每一个人都会选择自己感兴趣的话题进行有选择性的阅读和吸收。当绝大多数信息交流是独白式的，而不是公共性的或者对话性的时候，交流中的对抗性消失了，每个人在这样的交流方式中的焦虑感会极大地消解，但是，别人给予反馈的可能性也消失了。

公众心理高度强调自我的存在，导致了需求在被代理的时候出现了很强的去中心化和反权威的特征，同时在交流的时候普遍使用单向性的语言，从而使每个人在进行需求选择的时候会呈现极强的个体特征。

这种个体特征导致了经济学中的"二八定律"被彻底改变。不再是20%的主流产品满足80%的需求，而是如克里斯·安德森（Chris Anderson）在《长尾理论》中提出的"丰饶经济学"（The Economics of Abundance）所说，目前绝大多数行业的头部产品仅仅能够满足不到50%的需求，而且头部产品的市场占有率越来越低，市场中针对这种需求存在大量的长尾细分市场，这些长尾细分市场都有自己的消费者群体，但是数量都并不大，在消费选择上表现为需求的高度碎片化。

"只有独一无二的产品才配得上独一无二的我"

也就是说,在消费市场上,传统的"大生产""大零售""大渠道""大品牌""大物流"的工业化消费品时代特征已经渐渐消退,依托工业化的规模优势正在失去消费者的喜好。随着传播方式、社会分工的改变,目前企业面临的是品牌的博弈,当品牌足够小众化的时候很容易赢得一部分消费者,但是当品牌进入大渠道和大生产的阶段,不但没有获得更多的销量,甚至原有的消费者也会流失。

在物质高度富足的社会中,产品和品牌已经不是英雄,消费者不再对产品和品牌崇拜和敬仰。现在,消费者自己想成为英雄,成为独一无二的英雄,产品和品牌已经成为帮助消费者成为英雄的工具。

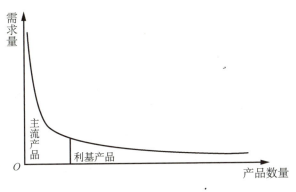

长尾模型

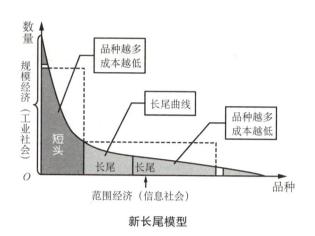

新长尾模型

 "品牌是同行者而不是领导者"

三、需求符号化和过程化

消费者试图通过消费行为来彰显自己独一无二的身份特质，从而在消费需求中展示出了极强的碎片化特征。这些碎片化特征注定了产品在没有实现大规模柔性生产之前，和工业化的产品相比，单位成本很难获得规模效应，这也就意味着消费者在消费碎片化产品的时候要付出更多的货币支出。

所有的货币支出要和消费者所感知的价值相等，只有这样，消费者才会持续地产生购买行为。所以，碎片化的需求必然导致产品的符号化。

同时，针对某一件产品，消费者需要具有仪式感的使用过程，通过过程化来增强这件产品的感性价值。

一般而言，在某种创新产品出现的初期，满足的是使用这种产品的理性需求，这个时候竞争产品之间的差异性并不重要，满足基本理性需求前提下的价格水平是首要竞争要素，企业采取低成本竞争战略是最合适的方式。这个时候，企业形式一般表现出大组织、大生产的特征，通过降低内部交易成本来获得规模优势。

当然，在创新产品出现的早期，由于生产制造的垄断性，可能会在极其有限的几个竞争者之间形成卡特尔价格联盟，通过高价格对市场进行撇脂式的消费者价值攫取。

当这种产品普及了之后，消费产品的理由是这种产品的使用能给消费者带来感性需求增值，这个时候采用差异化战略是最合适的方式。当前，差异化的竞争方式已经很难通过品牌与消费者产生持续的连接了，因为消费者已经不再崇拜和迷信品牌，而是期望品牌能为自身服务，凸显出消费者自身的与众不同。构建差异化竞争战略已经从品牌层面进入产品层面，一个好的产品能够极大地激活消费者和品牌之间的互动，而不是单纯依靠品牌带动产品。

 "再小的个体也有自己的品牌"

为了更好地满足消费者的底层需求，产品的设计已经摆脱了传统美学原则的束缚，商业化设计的主要原则就是保证产品可以被快速清晰地分辨出来。产品的所有被感知的体验都要求在很短的时间内对消费者产生极大的冲击感，例如大量使用完全的互补色和邻近色，以相同纯度、明度、面积出现在同一个画面中邻近位置，形成极度强烈的色彩对比，使画面显得刺眼的设计越来越常见。

同时，产品的设计不能仅仅考虑产品实际消费场景的功能性，而是要从消费者收到产品、打开产品包装、携带产品、使用产品的整个过程来进行考虑，在这些过程中满足消费者的感性价值需求。例如，女性箱包的设计已经越来越不考虑实际携带物品的理性功能，而是从作为服饰搭配的装饰品引发周边注意力的角度进行设计。

亚里士多德最早提出，一种观念的产生必伴以另一种与之相似的或相反的，或在过去经验中曾与之同时出现的观念的产生。消费者的观念由于物质的不断富足而不断变化，需求满足不仅仅要考虑消费的终点，其交付和使用的过程同样非常重要。让消费者感受到产品和其个性特征的融合与彰显变得越来越重要。

四、需求女性化和老龄化

虽然夸大男性和女性之间消费心理和行为的差别常有恶俗之嫌，但是这一差异确实非常明显。当然，这里的男性和女性主要并不是指生理性别，而是指男性化和女性化的消费心理。

男性化的消费心理强调需求满足的理性价值，强调实物交付，对于感性价值增值部分依托于品牌多过于产品，对于产品细微的过程化和符号化差异感知不敏感。女性化的消费心理则高度重视自我感知价值，对于虚拟交付的服务溢价接受能力强，对于产品的细微过程化和符号化感知极其敏感。

例如，在知识付费这种虚拟服务交付的过程中，女性化消费者很容易建立对知识提供者的感性认知从而愿意付费，而男性化消费者更加倾向于通过免费的方式得到。所以，在知识付费行业，专业知识课程收费溢价的能力是相对较差的。2017年，在所有知识付费用户中，女性用户占比已经达到62%。而在女性用户的知识付费门类中，个人提升和母婴亲子比例最高，分别占据了27%和18%，心灵情感、生活文艺、女性时尚、医疗健康等合计达到了15%左右。在知识付费市场中，美妆、亲子、家庭等女性需求成为典型付费场景。

2018年，唯品会和京东两家平台在流量入口、联合营销等方面合作后，首次发挥双方大数据优势，联合发布消费趋势洞察报告，以消费升级为大背景，提出了"去性别化消费"的新概念。

从产品选择看，男性用户同时购买过男装和美妆产品的数量占比达到96%。尤其在护肤和美妆类别，男性用户贡献的销量快速增长，几乎达到每年翻一番的速度。男士面膜凭借销量和增速成为冠军产品，男士BB霜、口红、眉笔这些彩妆产品的销量增速超过120%。

在目前的营销策划设计中出现最多的词是：仪式感、情感化、人格化、优越感、社交化、温度、审美、亲和力、场景化、生活方式。这些词语已经非常好地表明了如何才能更好地满足当前的消费需求。

因为绝大多数的感性消费者具有女性化特征，所以如何影响其购买决策就成为企业满足需求的关键。生产者之外的个体通过明示或者暗示的方式，很容易使女性化消费者群体被这类不经过第三方处理加工而传递出的关于某一特定产品、品牌、厂商、销售者，以及能够使人联想到上述对象的信息所影响，从而做出或者改变消费决策。这就是需求老龄化的特征。

这里的需求老龄化，并不是指整体消费人群的平均年龄不断增长。需求老龄化是指在目前的商业环境中，老用户的价值远远超出了新用户的价值。出现这种现象的主要原因是新媒体手段和渠道的出现和普及。新媒体具有"互动性、分众性、复合性"的特征。互动性使传播者和接受者极易进行角色转换，双重身份的角色使受众可以畅所欲言，及时反馈，使媒体得以与受众在互动中同声同气；分众性使得目标受众可按年龄、性别、社会地位、文化程度、兴趣爱好、专业程度等标准划分为一个个细化群体；复合性使得各种信息终端、传输渠道和信息形态整合一起，从而保证受众可在任何地方、通过任何终端进入新媒体网络。

新媒体的互动性，导致了消费者和产品之间进行互动的频次和即时性的要求提高；新媒体的分众性，改变了消费者作为利益需求群体没有渠道进行聚合和发声的局面，消费者利用新媒体手段具备了信息聚拢的能力，消费者的利益开始变得不可忽视；新媒体的复合性，使得信息传播的速度极大地提高，要求企业应对消费者需求的响应速度极大提高，并且处理的速度和质量都会被消费者关注。

消费者获得信息的第一渠道，一直都是周边亲朋好友推荐，但是这个渠道始终没有传统媒体能够很好地代理。传统媒体代理的信息一般都属于群体的意见，而群体意见也需要具有一定的传播时间偶发性才会大规模传播。建立在已经高度普及的手机硬件基础上的新媒体渠道使得个体敢于、乐于在不同的媒介渠道表达自己的切身感受，这样的变化使得个体具备了影响周边人群消费决策的能力，这是整个商业社会逻辑的底层改变。

流量的本质是发生购买的概率，所以"流量"这个词不仅仅适用于线上的购买场合，也适用于线下的购买场合。每一次现象级别的新媒体渠道出现的初期，大量流量的进入导致初期流量的成本非常低，建立在这个新媒体渠道上的商业模式会由于成本优势而迅速增长，但是很快就会由于竞争的缘故导致流量的成本越来越高，最后丧失竞争优势。构建产品、服务的自发流量是所有企业的必经之路，因为只有不断的大量用户口碑推荐才能获得持续的新增用户。

当然，随着现代社会的不断发展，个体会越来越倾向于进入一个非常小众的群体中来保证自己获得认同感和尊重感。兴趣社团或者是关心的话题会越来越碎片化，而社会组织的碎片化导致高频次信息交流的范围也会同步缩小，专业领域引导口碑推荐的KOL（关键意见领袖）所处的领域也越来越碎片化，从公开媒体渠道进入私人社交领域，这样的变化使得企业在满足需求的时候已经完全不再适合采用统一文案、统一节奏的方式，未来企业营销的方式是要通过产品提供一个利益体系，在利益体系中涵盖了众多的小微意见领袖，从而驱动大量的消费者进行产品品牌的传播。

五、需求不连续性和循环性

有大量的创新行为以失败告终，往往并不是创新行为本身的问题，而是由于这一创新行为没有和整个社会的消费认知水平吻合的缘故。"最接近能力区间"不仅仅适用于教育行业，也适用于商业社会的各个领域。极其超前的产品，在没有其他丰富的相关资源的支持下，失败的概率是极高的。早在2005年，盛大网络就提出了"家庭娱乐战略"，想要把硬件、软件、网络、内容、服务全部整合进盛大盒子中。但是2005年时国内接入宽带的用户不过2 833万户，普及率仅仅为3.84%，大部分所谓宽带用户的网速仅仅为512k，这种网速根本无法满足各种互联网应用的流畅使用之需。直到2012年底，由于小米盒子的发布，才引爆了国内多年不温不火的互联网机顶盒市场，这是因为宽带业务的装机率和带宽条件已经具备了。

成功的商业模式都是围绕着"稀缺→关键→丰富"三个要素按照环形逻辑循序渐进的。在目前的需求系统中，一定有稀缺的资源，这种稀缺的资源就是下一种新商业模式的关键。随着这种资源不断被生产出来，它就不再具有稀缺性。与此同时，新的稀缺性资源的需求就会出现。商业社会的需求就是按照这样的方式不断变化迭代的。

针对这样的需求循环进行观察，会发现一个非常有趣的现象：需求的发展是跳跃的，许多行业中的需求变化已经开始出现了极强的不连续性。对某个行业最大的影响因素往往不是来

第四章 需 求

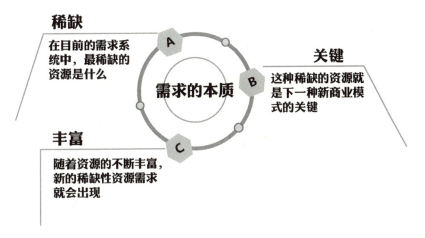

成功商业模式的环形逻辑

自本行业,而是其他行业。一个行业的资源溢出会导致另外一个行业的需求出现跳跃式的增长或者衰退。局限于一个行业内的连续观察,随着商业社会迭代速度的增快,失真的概率已经极高了。

从某种意义而言,中国市场在 2012 年后雨后春笋般出现的大量新的商业模式,例如打车软件、外卖速递、生鲜直送等,都是建立在信息网络流量资源和智能手机硬件资源丰富的基础上,手机带来的信息元素是目前企业商业创新的共同增量因子。

今天的需求具有极强的不连续性,这对于商业模式创新和企业经营提出了非常高的要求。这也是为什么具体的数据、知识和信息的学习往往是低效而且无用的,不能将社会的整体变化放在管理者的思考系统中并有机地构建这些看起来从来不相

139

关的主体之间的连接。发生跳跃式的不连续变化的时候,对于企业而言往往就是生死存亡的关口。

"一只大象切开并不能变成两只小象"

这种需求的不连续性是否可以被精准地预测?如何利用这种不连续性来获得企业的竞争优势?这些都是很多创业人士和企业管理者的疑问。

行业变化的不连续性,大体上受到三个要素的影响,分别是技术变革、社会变革和人口变革。所有的变革对于行业的宏观影响都是可以被预测的。《失控》一书的作者凯文·凯利(Kevin Kelly)说过:"想象一个山谷,雨水都落入了山谷里,每一个雨滴下降到山谷的路径是无法预测的,具有不可预测性,但是对于下降的这个趋势,我们是可以非常确定的。"也就是说,行业变化的不连续性趋势是可以被预测的,但是在什么时候以及如何发生这个变化的细节是无法被预测的,这样也就失去了在商业企业微观层面进行应用的意义。仅仅长期趋势可以预测,但是细节无法预测的话,是无法应用到企业战略和战术层面的,而只有助于对人类未来社会的宏观展望。

"风口来了猪都能飞起来,但是风口在哪里,永远无法预测"

当然,在技术变革、社会变革和人口变革三大影响要素中,随着技术从研发层面到私人物品领域层面应用转化的案例越来越多，人们发现：新的技术从在政府层面和大学等研究机构层面的孕育（低应用成熟度）转变为能够在私人物品领域中应用（高应用成熟度）的关键是这两个阶段之间存在一个缺乏利益代理的空白期。所以，有大量的企业进入这一空白期进行科技应用层面的孵化，而且已经形成了成熟的产业链。目前从科研成果转化到实际产品的时间，一般在 3~5 年。技术变革层面有关行业应用的趋势变得精确起来，从而具有了商业预测价值。这也是目前科学家创新创业受到投资者极大信任的重要原因。

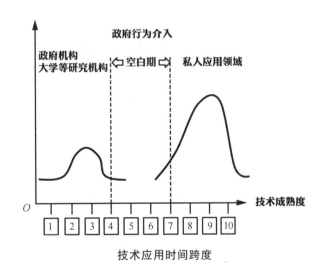

不过，社会变革和人口变革却还是仅仅可以被感知，不可以被预测，所以需求的不连续性从某种意义上而言是混沌状态，只有构建直抵本质的观察角度才有可能抓住变化的具体时间。这对于管理者的认知系统提出了极大的挑战。

需求虽然具有大周期维度上的不可预测性，但是需求还有一个很有意思的特征：在小周期维度上具有循环性。人们对于富足的特征会厌倦，从而唤醒对于另外一个对立维度特征的需求。

在商业社会中，存在大量这样的对立维度可用来刻画需求特征，例如虚拟和现实、局部和整体、简单和复杂。人们的需求喜好从虚拟到现实再到虚拟，从局部到整体再到局部，从复杂到简单再到复杂。人们总是喜欢和原来不太一样的物品，从而使需求出现了在这些二元对立维度上的循环性。

现实 ⟹ 虚拟 ⟹ 现实
局部 ⟹ 整体 ⟹ 局部
复杂 ⟹ 简单 ⟹ 复杂

需求在二元对立维度上的循环

市场营销学是一门非常年轻的学科。系统研究人类交换物品的行为特征的学科历史至今不超过 150 年，但是人类通过物品交换来满足相互的需求的行为已经有了数百万年的历史。本章从较为宏观和长期的时空维度观察了需求的变化历程，从而提炼出了需求八大特征。理解人类需求的这些特征是正确认识商业社会的必要前提。

观察需求的方法

在感受了需求的特征后，我们会面临一个非常具象化的问

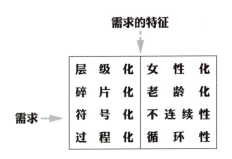

需求八大特征

题。消费者的需求特征是决定企业战略层面决策的基础之一，如果我们根据这样的特征并结合宏观、行业和企业内部的观察，最后确定了目标消费者群体，那么，我们该如何进一步得到这些目标消费者群体的具体需求细节，从而对产品和服务进行改进以构筑起差异化的竞争壁垒？

常见的观察需求细节的方法有四种，分别是：

（1）用户访谈：通过和目标用户面对面地交谈来了解用户的心理需求和行为特征。通过招募访谈用户或者走访用户进行访谈，能够简单而直接地收集多方面的用户资料。该方法侧重于定性层面的观察，以"谈"的行为进行观察。

（2）可用性测试：让一群具有代表性的用户对产品进行典型操作，同时观察员和开发人员在一旁观察、聆听并做记录。该方法侧重于定性层面观察，以"做"的行为进行观察。

（3）调查问卷：以问卷的形式系统地记载调查内容，问卷设计时应当遵循一定的原则和程序，运用一定的技巧，将问题传达给被问的人并使被问者乐于回答。该方法侧重于定量层面观察，以"说"的行为进行观察。

（4）数据分析：用适当的统计分析方法对收集得来的大量数据进行分析，对数据加以详细研究和概括总结，提取有用信息并形成结论。该方法侧重于定量层面观察，以"做"的行为进行观察。

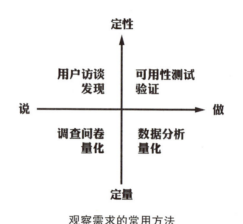

观察需求的常用方法

不过，这四种观察需求的方法，在实践应用中存在一些问题。首先，这些方法的应用步骤都比较复杂，涉及的组织流程较为复杂，所以在应用的时候很容易在流程环节上出错；其次，使用这些方法不仅仅涉及调查需求在"事"层面上的问题，还牵涉到企业内部组织为了该项工作而启动的"人"和"财"层面的工作，所以这些方法的应用周期一般较长；最后，也是最严重制约这些方法使用的原因是，我们并不能确定应该用何种观察方式才能不失真地观察到需求，无法确定应该采用定性还是定量的手段，采用说得多还是做得多的方式，这样就很容易导致采取一个不是很适合的方法来观察需求，最后得出的结论自然是失真概率极高的。

因此，在实际创业和商业模式创新的过程中，当管理层需要对目标消费者群体的需求特征进行非常细致的观察和描述的时候，一般而言会依次采取以下三种方式。

一、用户画像

用户画像是采用"点"的方式去具体观察目标消费者。

用户画像法最核心的本质，就是观察消费者的颗粒度一定要足够小，要小到消费者个体的程度。采用这种方法描绘目标用户的时候，所有参与谈论的人都将可以在脑海中具体想象出一个身边的目标用户。

非常宽泛地去做用户画像、去分类，都是无效的。在产品研发和产品迭代的过程中，如果脑海中的用户是一个很宽泛的形象，那么你仍然不知道这个东西应不应该去做。所以，用户画像的颗粒度一定要细化到个人。

用户画像细化到个人的第一步是要将目标消费者的姓名、年龄、性别、爱好、工作等维度尽量细化。

例如，以下是某一个互联网产品的用户画像：

- 姓名：BoBo；性别：女；年龄：25岁；
- 爱好：电玩、音乐；
- 特征：单身、性格开朗；
- 职业：医疗美容；
- 使用产品习惯和访问渠道偏好等。

绝大多数用户画像工具的使用者使用该工具就停留在这个阶段。但是，这样的用户画像的颗粒度是不够的，因为这种颗粒度并不能使得团队中的每一个人清晰地感性认知到目标消费者的具体形象，也就无从考量采用什么样的定价策略、产品策略、渠道策略和促销策略，无从去感知目标消费者群体的接触界面和内心认知。

用户画像在商业模式创新中最大的作用是能够让一个团队协同运作。在商业模式创新实践中，我们常常面临一些具体的问题，你会发现每个人都有自己的意见，从而不得不花很长的时间去讨论和争执。在营销领域中，没有绝对的对与错，所有的得到也必定会有失去，很多初创团队在这样细节的问题上磨合得非常不好，导致了决策流程漫长，丧失了市场机会。

"营销第一定律：没有绝对的对与错"
"营销第二定律：得到一定会有失去，反之不必然"

用户画像的第二步是把这个用户放到一个具体的消费场景中，描绘一个具体的消费者故事。通过一个具体的消费者故事，所有的人员都会和这个具体的消费者产生心理上的联结，切身地感受到这个消费者在使用企业产品时真实的心理状态和情绪变化，从而为营销战术层面一致性的决定打下共同认知基础。总结一下使用用户画像工具的关键要点：

- 将目标消费者所有的特征维度描绘出来；
- 将目标消费者放入具体的消费场景中，将其行为故事化。

约翰·奎尔奇（John A. Quelch）提出，人类进行消费的过程中存在不同的生活空间：第一空间（居住空间）、第二空间（工作空间）、第三空间（购物休闲场所）。在目前的中国市场，由于商业社会竞争的空前激烈，产品维度的分类已经完全饱和了，所以有较多的企业尝试采用在一个独特的消费场景（生活空间）内构建消费者对于一类产品的记忆关联，这种记忆关联由于添加了生活空间要素，会和其他相似的产品产生差异性，从而获得竞争优势。

"一种观念的产生必伴以过去经验中曾与之同时出现的观念的产生"

例如，王老吉是国内较早使用用户画像工具的品牌，它通过场景化的广告，把产品和一些具体的消费场景进行了观念联结。类似年轻人狂欢的场景，在吃火锅和烧烤的时候，出现一罐王老吉，最后的消费者观念复刻是"怕上火，喝王老吉"。这就是非常典型的将用户特征和用户场景进行叠加，从而达到产品和消费者需求联结的成功案例。

我们可以观察到，通过引导可以让同一个用户在不同场景中改变甚至是放弃其原有的消费习惯。中国目前的生活空间已经被激烈竞争的商业企业高度地细分化了。例如，神州专车进入专车市场的时候，市场上已经有同类服务产品了，而且这些同类服务产品的品牌知名度已经较高，在专车这个需求维度上已经成功占位。针对这一状况，神州专车的广告文案和策划紧紧围绕六个消费场景展开：接送机、会务用车、亲子出行、夜晚加班、异地出差、孕妇出行。不仅仅是因为这六个消费场景的专车服务消费者对于价格溢价接受能力较强，更重要的是对于神州专车而言，在进入市场较晚的情况下，如何产生企业产品服务和消费者之间的认知联结才是最重要的。

因此，完整的用户画像一定是包含"Who、Where、What"三大要素的。"Who"就是用户维度特征，"Where"就是用户消费场景，"What"则是用户消费故事。

江小白就是一个这样创造生活场景的品牌。江小白切入的是一个高度竞争的白酒市场，在这个市场中其通过用户特征和用户场景的紧密结合，通过用户故事得到了消费者的真正感知，并采取了与之对应的策略，从而获得了切入市场的机会。

江小白的用户故事是：在都市中工作的张鹏，26岁，男性，收入在7 000元左右，从邮电大学毕业后进入一家互联网公司任职工程师。他穿的鞋子是一双已经毛了边的皮鞋，已经很久没有买一双新鞋了。除去房租和必需的生活开支后，他每天花在餐饮上的费用不超过100元。下午4点半的时候接到老板的通知，老板让他去完成一个非常紧急的任务。他非常不情愿去做这件事情，因为他昨天晚上刚刚加班到凌晨。但是他不得不照办，因为他知道如果今天不完成，下个月的房租就没有着落了。当他在晚上7点半离开办公室的时候，心情很是低落，因为女友和他的关系比较紧张，父母催促他赶紧回到老家考取公务员。他觉得生活中没有人真正关心他到底怎么想的，

第四章 需　求

他的梦想和价值没有人真的理解。张鹏终于在路边的小餐饮店坐了下来，因为收入有限，只能点一份简餐。这个时候，他终于感觉到这个城市夏天的寒意，总觉得人生有点不如意，那么辛苦工作的人生意义是什么呢？每天加班到那么晚，第二天还是要一早起来去挤公交车，这一切就是因为这里的房租便宜，他产生了非常强烈的对自己的愧疚感。这个时候，江小白出现了，江小白的文案给了他一点温暖，给了他一点关怀："把一部分过去忘掉，现在会更开心。"

这就是江小白的用户故事，完美地融入了用户场景和用户特征。如果用户画像的颗粒度细致到这种程度，关于应该采用什么广告文案，用多少毫升的瓶装，在什么渠道铺货上架，如何进行产品定价，采用什么渠道进行消费者接触，所有的营销战术细节都非常清晰，团队会很快形成统一意见，并且在执行中牢牢刻印"张鹏"的印象，从而减少了非常多的烦琐沟通。

江小白成功地通过用户画像工具在特定的消费场景下创造出了需求，从本质上而言，江小白满足的不是用户饮酒的理性需求，而是用户填补空虚的感性需求。后期，江小白又切入了相同消费者的消费场景中进行新产品的开发，例如必胜拾人饮2 000毫升的大瓶白酒是给"张鹏们"聚会的时候使用的。

根据营销第二定律"有得必有失"，江小白后期发展乏力的原因也是它成功的原因。因为这样的用户特征决定了其锁定的目标消费者群体的消费升级能力是比较强的。在工作几年以后，目标消费者的消费场景会发生极为明显的切换，到那时目标消费者群体就失去了这种感性需求，导致目标消费者流失的

149

速度较快。更为致命的是，某一商业模式从逻辑上完全成立并不代表它就是一个好的商业模式，无法构建竞争壁垒的商业模式很快就会遭遇发展瓶颈。这个商业模式中的渠道、产品、文案都没有任何的竞争壁垒，这才是后期这类企业增长乏力的真实原因。

"没有产品的营销是没有将来的"

最后对用户画像的使用要点进行总结：第一是颗粒度要足够细，第二是一定要有故事性。

二、客户旅程地图

"故事定义了我们的世界。从洞穴的墙壁到篝火旁的传说故事，自从有了交流，它们就一直伴随我们左右。它们不断演变，但目的始终如一：为了娱乐，分享相同的经历，教授并沿袭传统。"交互设计师弗朗西斯科·英查斯特（Francisco Inchauste）谈到人类的文明是如何传承下来的时候，强调了故事的重要性。

现在有太多的数据工具被使用在把握和观察消费者需求的工作中，但是很有意思的是数据仅仅能反映出某一个时间节点消费者的选择结果或者是选择动机；数据永远也无法告诉管理者，消费者在使用产品时的挫败感和惊喜感。因此，学会讲故事非常重要，因为讲故事的过程就是建立高度同理心的过程。故事存在于概念和感性的交汇处，讲故事是一种高阶能力，它通过将一件事置于一种特定情景中的方式来加深我们的理解。

在观察消费者用户画像的时候我们应用了讲故事的方式，在这里我们要再一次应用讲故事的方式。但是，这次我们的故事从用户初次接触产品开始，我们需要一个故事来完整地描绘用户的感受、动机以及在每一次点击、触碰、使用中遇到的问题，最后确定用户与组织的关键交互行为。这些关键交互行为就包含了如何构建企业和其他竞争者之间竞争壁垒的答案。通过消费者使用产品的感受，企业与消费者之间形成契约，最终进入一种长期合作关系。这种讲故事的工具被称为"客户旅程地图"。这是一种采用"线"的方式去具体观察目标消费者的工具。

"未来让人生存下去的不是食物，而是故事"

消费者从一个具体的需求开始——也许是偶然遇到了你的产品，也许是因为广告的冲击记忆，也许是因为凑巧在身边的橱窗中看到，当然也有可能是由于身边朋友的推荐介绍。总之，客户开始了和你的产品一起旅行。例如，有个消费者要去旅游，所以他打开了"马蜂窝"，搜索他要去的目的地和不同的产品，再对比这些产品不同供应商的报价和"驴友"的评价。这些都确定好了之后，他再看有没有相关目的地的住宿产品可以提供，以及有没有相关的折扣和优惠，然后再去看相关的机票等等。一个消费者在消费过程中，需求只是一个起点，因为这个需求，他会产生一段漫长的旅程。在这段旅程中，他经历的是一系列的心理状态。这一系列的心理状态中，他只要有一个步骤没走通，就会放弃这个产品；他有可能会换一个产品来满足他的需求，甚至有可能干脆放弃这个需求，不再购买这样的产品了。

所以，客户旅程地图中就产生了三个关键点：需求点、痛点和痒点。

消费者因为一个明确的需求来到你的产品面前，这个点叫"需求点"。需求点一般而言是无法创造的，它是消费者的认知归类，是消费社会对于消费者的教育的产物。在使用快递服务的时候，快递服务的需求点是快速地邮递物品，但是在使用快递物流的过程中，我们会产生一些过程性的需求，这类需求是伴随需求点被满足的过程出现的。有快递公司发现，绝大多数人在使用快递服务的过程中，是从社交软件的聊天记录中抄写下来邮递的地址、姓名和电话号码。如何简化填写地址的流程，这个过程性的需求是"痛点"。如果快递物流的小程序可以通过复制的聊天记录自动识别出邮递的地址、姓名和电话号码，无需复杂的填写过程，就可以顺利地完成邮寄的过程，消费者很有可能就非常喜欢使用这个产品。这就是解决了消费者的"痛点"，痛点对应于消费者在满足需求点的过程中衍生出来的过程性需求，可能本身和需求点无关，但是能够更好满足消费者的需求点。

消费者是因为一个需求点而使用你的产品，在使用过程中又由于你不断地解决他的痛点而爱上这段旅程，并不断地在这个旅程中走下去。当他完成了这段旅程的时候，他觉得非常满意，于是他不仅会买单，还会帮你做推荐："这样的物流地址填写体验实在太好了，真的很方便。"当消费者情不自禁地和身边的人分享这个产品并推荐给别人的时候，这个点就是"痒点"，是深度解决了消费者"痛点"后的产物。

总结如下：

需求点——消费者来找到你的原因。

痛　点——消费者用你产品的原因。

痒　点——消费者推荐产品的原因。

当我们完成客户旅程地图后，往往会发现有非常多的消费者和产品之间的关键交互行为。那么，是不是这些关键交互行为都要在原有的基础上进行改进？也就是说，是不是所有的"痛点"都需要解决？

回答这个问题，要明确为什么我们要解决痛点。

首先，所有交互行为的改善一定是有成本投入的，痛点的解决并不是免费的，所有的痛点全部都解决，给产品带来的往往是毁灭性的结局，因为这样高成本的产品脱离了消费者的支付能力。所以，并不是所有的痛点都需要解决。

其次，解决痛点的意义在于实现消费者的高满意度，从而使得客户产生口碑推荐行为，通过口碑推荐带来新的用户。口碑推荐是目前影响消费者购买决策最有力的影响因素，没有痒点的产品是没有前途的。如果解决了痛点但是没有出现痒点，对于产品而言就是失败的。

2002年诺贝尔经济学奖获得者丹尼尔·卡内曼（Daniel Kahneman）在《思考，快与慢》（Thinking, Fast and Slow）一

书中提及:"体验的记忆由两个因素决定:高峰(无论是正向的还是负向的)时与结束时的感觉。"这就是"峰终定律"(Peak-End Rule)。这条定律基于潜意识总结体验的特点:对一项事物的体验之后,所能记住的只是在"峰"与"终"时的体验,而在过程中好与不好体验的比重、好与不好体验的时间长短,对记忆几乎没有影响。而这里的"峰"与"终"在书中被命名为"关键时刻"(Moment of Truth)。"峰终定律"是服务界最具震撼力与影响力的管理概念与行为模式的总结。

通过"峰终定律"我们可以知道,其实并不需要满足所有的消费者痛点,而是要满足消费者在脱离消费旅途终点时的痛点,同时要在消费旅途中至少狠狠地解决好一个痛点,就能够让消费者获得对于消费过程非常好的体验感受。例如:美团在近一千家团购网站的竞争中取得优势是因为解决了团购可以退货的消费者痛点;好莱坞的电影一般将75%的成本投入用在最后25%的内容上。

"客户的满意度=客户期望得到的服务-客户实际得到的服务"

在解决痛点的时候,一定会有新的痛点产生,这就是"痛点守恒定律"。例如:在共享单车的模式中,解决了用户随机上下车的便利性痛点,但是带来了车辆摆放无序造成的市容不整;上门干洗的服务,通过以袋子计量、上门收衣的方式,解决了干洗行业中价格不透明和送洗不便利的痛点,但是带来了洗涤衣物分类无序造成的衣物损毁率增高的痛点。在解决用户的痛点时带来的新的痛点，一定不能由用户来承受，否则这种解决痛点的努力是无效的；带来的新的痛点应该是转移到外部，然后以成本的方式消化掉。共享单车会按照车辆数配备一些管理人员协助用户摆放，这样的痛点解决是有效的；上门干洗造成的衣物损毁率提升，则会对其商业模式造成致命的打击，传播的将会是极度不满意的负向口碑。

"痛苦并不能解决，只能被转移"

三、商业模式画布

用户画像是用一个"点"的方式来描述消费者需求，从而得到一个颗粒化的精准的消费者形象；客户旅程地图是用"线"的方式描述消费者需求，观察一个消费者和产品之间的关键交互行为。当有非常多的目标消费者完成了消费过程，就形成了企业的商业模式。在这个时候，就可以采用商业模式画布这种"面"的工具，将消费者的行为规律放在对企业而言的层面进行总结。

"商业模式是企业创造价值、传递价值和获取价值的基本原理"

商业模式画布图由九个方格组成，每一个方格都代表着成千上万种可能性和替代方案，根据众多目标消费者的行为规律进行总结，然后填写到方格中。当所有的方格全部填写完毕后，进行这些方格之间的逻辑校验，对方格关系所形成的业务流和财务流进行推演，从而提升商业创新的成功概率。

业务流包含"客户细分""客户关系""渠道通路""价值主张""关键业务""核心资源""重要合作"七个方格。

财务流包含"收入来源""成本结构"两个方格。

业务流代表这个商业模式从业务层面逻辑来看是成立的，但是业务流成立并不代表这一定是一桩好生意，可能只是一件好事情。好事情和好生意是两个概念，绝大多数好事情没法成为好生意，因为好生意还有一个要求，就是它的支出一定要低于它的收入，实现利润才叫好生意。所以，在看完业务流后要再看财务流。

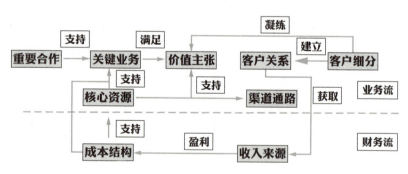

商业模式画布图

下面详细介绍这九个方格。

"客户细分"方格：定义接触和服务的不同人群或组织。这个方格主要表述两个问题：

- 我们正在为谁创造价值？
- 谁是我们最重要的客户？

"价值主张"方格：描述为这些特定客户细分群体创造价值的系列产品和服务。这个方格主要表述四个问题：

- 我们该向客户传递什么样的价值？
- 我们正在帮助我们的客户解决哪一类难题？
- 我们正在满足哪些客户需求？
- 我们正在提供给客户细分群体哪些产品和服务？

"渠道通路"方格：描述如何接触其客户细分群体并与之进行沟通，从而传递其价值主张。这个方格主要表述四个问题：

- 通过哪些渠道可以接触我们的客户细分群体？
- 我们现在如何接触他们？
- 哪些渠道最有效？
- 哪些渠道的成本效益最好？

"客户关系"方格：定义与特定客户细分群体建立的关系类型。这个方格主要表述三个问题：

- 我们的每个客户细分群体希望我们与之建立和保持何种关系？
- 我们已经建立了哪些关系？
- 建立并维护这些关系的成本如何？

"核心资源"方格：确定商业模式有效运转所必需的最重要的因素。这个方格主要表述三个问题：

- 我们的价值主张需要什么样的核心资源？
- 我们的渠道通路需要什么样的核心资源？

- 我们的客户关系需要什么样的核心资源？

"关键业务"方格：定义企业在交付产品和服务的过程中必须做的事情。这个方格主要表述三个问题：

- 我们的价值主张需要哪些关键业务？
- 我们的渠道通路需要哪些关键业务？
- 我们的客户关系需要哪些关键业务？

"重要合作"方格：定义商业模式有效运转所需的供应商与合作伙伴的网络。这个方格主要表述四个问题：

- 谁是我们的重要伙伴？
- 谁是我们的重要供应商？
- 我们正在从合作伙伴那里获取哪些核心资源？
- 合作伙伴都执行哪些关键业务？

"收入来源"方格：描述公司从每个客户群体中获取的收入。这个方格主要表述四个问题：

- 什么样的价值能让客户愿意付费？
- 他们现在付费买什么？
- 他们是如何支付费用的？
- 他们更愿意如何支付费用？

"成本结构"方格：描述运营一个商业模式所引发的所有成本。这个方格主要表述三个问题：

- 什么是我们商业模式中最重要的固有成本？
- 哪些核心资源花费最多？
- 哪些关键业务花费最多？

至此已经完成了对消费者需求的所有观察：通过用户画像

以"点"的方式来描述客户消费者需求，从而得到一个颗粒化的精准的消费者形象；通过客户旅程地图以"线"的方式观察一个消费者如何与产品进行关键交互行为；通过商业模式画布以"面"的方式将消费者的行为规律放在相对于企业的层面进行总结。

用户画像	➡	客户旅程地图	➡	商业模式画布
点		线		面

观察需求的方法

这个时候，一个完整的商业计划就已经形成了。在高度分工的社会中，一个人不可能掌握所有的关键性资源，产业链上下游的支持、关键性的技术专利、专业领域人才的参与、资金资源的加持，这些都需要通过说服的方式来获得。

在说服的过程中，一般都会采用商业计划书的方式来完成系统逻辑推演，从而得到其他资源的加入。

商业计划书的发展已经有将近70年的历史，它的主要功能是帮助其他人就即将开始的商业创新进行"预了解、预沟通"。通过这种商业信息呈现的载体，可在较短的时间内完成一个系统逻辑推演，导出该系统成功的概率，从而完成说服的过程，获得关键资源的加入。为了能够在较短时间内完成说服过程，商业计划书一般需要具备以下主体要素：

（1）需求痛点：分析市场中还有哪些需求没有被满足，哪些需求没有很好被满足，哪些需求发生了转变，需要新的产品和服务。

（2）解决方案：介绍计划用什么样的产品和服务来满足以上的需求，从而解决消费者的痛点和痒点。需要描绘清晰和明确的产品图景，包括第一步做什么、第二步做什么，而非全部混在一起。

（3）用户画像：描绘出自己的目标消费者群体的特征和行为。

（4）市场份额：通过数据（人口、消费频次）计算出整体市场份额，通过趋势研判市场份额的容量变化，同时要证明自己能够接触和消化的市场份额。

（5）商业模式：对企业创造价值、传递价值和获取价值的基本原理进行总结。

（6）运营数据：根据不同的项目情况说明企业的核心数据的现状以及未来可能出现的变化。现状体现了现有的产品和商业模式得到验证的程度，数据的趋势体现了资金驱动效率。

（7）竞争对手：说明目前市场上有多少团队在做同样的事情，相比而言竞争对手做这件事有什么优势？自己和他们有什么区别？

（8）融资需求：估算自己在一到两年里大致需要达成的目标，并根据关键核心业务和人力成本推算所需的资本。

（9）团队介绍：包括团队成员的学历背景、工作创业经历及主要成就。

通过以上九个主体要素，完成了"还有什么""需要什么""值不值得做""为什么是我们做""我们能做成功"这五个层面的递进推导过程，形成了一个完整的商业故事，也就是一个自洽的系统。在商业社会中说服别人的方法不是告诉别人从来没有听到过的数据、信息和知识，而是从别人的底层认知出发进行逻辑推导，得出一个必然的认知结论。

"主体、主体联系、系统"

至此，我们已经完成了在较大时空维度上感知需求的特征，学习了如何在具体消费者群体内观察需求的方法。接下来，我们将会针对如何更好满足需求的要点进行阐述。

满足需求的要点

需求的满足有三个要点，分别是需求点、痛点和痒点。需求点是消费者来找你的原因，一般而言是无法创造的，是消费者的认知归类，是消费社会对于消费者的教育的产物。痛点对应于消费者在满足需求点的过程中衍生出来的过程性需求，可能本身和需求点无关，但是能够更好满足消费者的需求点。在物质富足的社会中，仅仅凭借需求点无法和竞争对手区隔开来，所以痛点的解决就成为企业构建差异性壁垒的主要方法。当消费者在消费过程中获得了极大的满意度，往往就会引发口碑传播的痒点。痒点是企业源源不断获得新用户的关键，在商业流量成本极高的情况下，借助新媒体工具渠道的广泛应用，通过痛点的解决从而产生痒点是企业最大的增量驱动要素。

一、如何满足需求点

消费者在发生购买行为的时候，如果没有其他人的直接口碑推荐引导作用，唤醒消费者购买意识的不是具体的品牌，也不是具体的产品，而是品类。消费者购买行为的原点是某一种商品的最后一级分类，消费者在这个分类上展开相对应的购买选择，然后才会具体联结到品牌和产品的层面。

AC尼尔森公司在定义品类时认为，"确定什么产品组成小组和类别，与消费者的感知有关，应基于对消费者需求驱动和购买行为的理解"。家乐福公司则认为"品类即商品的分类，一个小分类就代表了一种消费者的需求"。可见，品类是消费者能够感知到的最细分的商品种类，是消费社会进化迭代后在消费者心智模型中形成的商品分类。群体行为信息学原理决定了人们接受、存储、调用、处理信息的方式，事实上，无论信息来源、接受方式以及反应行为如何变化，人类在购买行为中优先处理分类而不是细节的规律从来没有改变过。

因此，从本质上看，品类就是消费者的需求点。需求点往往是无法被创造出来的，需要大量的社会整体认知才会出现。一个品类属性与特征的建立是一个漫长过程，人的心智模型的改变是一个逐渐的过程，需要很大的信息量传播。改变群体的整体认知是一件成本极高的事情，其成本远远超过一家企业的承受能力，对于某个具体的企业而言是没有能力实现的。

当然，也确实出现过一些成功创造品类的案例。例如，通过传统媒体的信息密集饱和式的传递，恒基伟业成功地在手机和呼机这两个已经成熟的品类之外加入一个新的品类——商务通，上市第一年销售额即突破7亿元，跃居PDA（Personal Digital Assistant，个人数字助理）行业第一名，"呼机、手机、商务通，一个都不能少"的广告语至今让人记忆犹新。再例如，2017年女性的鞋子消费概念下突然出现了"袜靴"品类。其实它最早的原型是1988年某国际知名体育运动品牌推出的Sock Racer，这是一双为铁人三项而设计的跑鞋，为了减轻鞋子重量，设计师直接在单层网眼的袜子上加了模仿生理结构的鞋底，利用两条尼龙扣带的绑带提供支撑。当时"袜靴"是属于运动产品的心智分类，而且由于过于小众，并没有建立起足够的消费者认知。直到2016年，大量的时尚品牌相继推出袜子鞋，流量明星在街拍中都穿着这类鞋子。现在"袜靴"已经算是女性衣橱中的一件单品了。

　　这些成功的案例说明，没有信息密集饱和式的轰炸，是无法在短时间内完成新品类认知的。在当前信息渠道高度分散、代理费用高昂的条件下，创建品类已经不是单个企业所能够承受的策略了。

　　品类从创立到广为人知并成为消费者的一种选择，其临界点就是这个品类中出现了一款标志性产品成为通用名词。国内市场上比较知名的例子是达利蛋黄派，该款产品正式的名字应该叫"独立包装的蛋黄夹心饼"，而当"派"这个名字被选择并且流行开来后，这个品类便宣告确立。

　　当一个品类出现后，消费者在进行消费的时候会出现决策成本，从品类进入产品层面会出现一些信息障碍，也就是说，大脑在从分类到细节的过程中会出现能耗。企业应该优先建立自己的产品品牌和品类之间的联结，使得消费者在出现品类需求的时候会自动联结到具体的品牌和产品，这个时候就完成了企业对于消费者认知心智的掌控。

品牌的出现是晚于品类的，只有在人们觉得品类信息已成为负担、亟须简化的情况下才会出现品牌。品牌信息的出现可以减低消费者进行选择时的能耗。品牌从来不是企业自己做出来的；当消费者在某个品类中面临信息负担的时候，如果某个产品恰当地出现在信息渠道的曝光中，这个产品品牌就被消费者认知系统接受了。

当然，也存在一个品牌就是品类的现象，例如茅台酒就是消费者进行购买决策时的最后一级分类，消费者会直接想买茅台酒，而不是想买白酒，然后联想到白酒中的品牌有茅台。但是，这样的情况还是品牌出现在品类之后：先有酒这一品类，只是在某些消费场景下消费需求和具体的某个品牌产生了高频次的关联，经历信息的大量传播之后，品牌等同于品类了。这也是企业追求的最高层次的核心竞争力，一旦构建起来，将会产生极强的竞争壁垒效应。

在国内的营销案例中，最早有意识地尝试品牌和品类之间联结的是恒源祥。1991年，恒源祥首次在上海电视台推出广告，并将当时最短的15秒广告分成三次播放，开创了中国5秒广告的先河。"恒源祥，羊羊羊"的广告将羊毛品类和恒源祥之间进行了记忆联结。2018年世界杯期间的BOSS直聘、马蜂窝和知乎都采用了相同的广告传播方式来建立消费者需求点和品牌之间的联结。

"如果说宣传只有一件事情最重要的话，那就是重复"

这就是品类的力量，是营销战术层面思考的起点。企业在当前高度竞争的商业社会中，采用的策略应该是非常清晰地告知消费者，自己的产品能够满足什么品类的需求点。如果消费者不能在很短的时间内充分了解到企业的产品能够满足他的什么需求点，那么信息传递成本就被完全浪费了。

美国心理学教授理查德·拉扎勒斯（Richard Lazarus）和本内斯·拉扎勒斯（Bernice Lazarus）的著作《激情与理性》（Passion and Reason）中提到：情感依赖于对个人意义的评价，没有意义，就没有评价，也就不存在情感。如果营销仅仅呈现了情感，但没有提供购买的理由，那么所有的情感就等于浪费金钱。

中国的企业命名的风气充分说明了企业管理者对于这个问题的认知越来越理性。由于信息高度饱和，传递信息的成本极高，如今有不少企业采用了简单直接的需求点作为企业的名称，例如"叮咚买菜"。这样的命名都是试图直接建立消费者在品牌反应和需求品类之间的联结。当然，我们承认当前某些企业在营销战术层面确实出现了低俗化的现象，但这是商业供给高度竞争后的必然结果。

"绝大多数产品并不适用于心智模型宣传,而是直接切入品类宣传"

二、如何解决痛点

2011年6月28日,谷歌推出了Google+产品。Google+是一个SNS社交网站,涵盖七大服务,分别指向信息串、相片、社交圈、个人资料、Huddle(类似于多人文字聊天室)、Sparks(一种分享引擎)、视频聚会。

谷歌的大部分项目都从较小的规模起步,并通过自发的增长来获得规模和影响力,但是谷歌在这个产品上投入了巨大的人力和物力。谷歌之前的社交产品Google Buzz只有十几名员工,而Google+的员工人数则突破了千人。Google+项目从谷歌各个部门抽调了人才。其他团队的一名工程师回忆称:"当时我们的工程师都去哪了?"

由于谷歌的用户基数庞大,因此Google+很快就吸引了数百万用户。Google+开放的第24天,便已有2 000万人次使用,而Twitter和Facebook则分别需要1 035天和1 152天达到2 000万使用者数目。Google+用户总数峰值达到2.5亿,月活跃用户数1.5亿。

谷歌为了推广这个产品,改变了公司内部的视频会议系统,强迫员工使用Google+的Hangouts视频聊天功能,甚至将员工奖金与Google+的业绩表现直接挂钩。

但是,即使有谷歌的强大生态作为流量入口,所有的一切都没有能够阻止这个产品的失败。到了 2015 年，谷歌基本放弃 Google+；2019 年 4 月 2 日，谷歌正式关闭个人版 Google+。

关于 Google+ 失败的原因有很多的解释，而最重要的原因是没有深入了解用户的消费行为。用户不会去功能最全的社交平台，只会去他们的朋友都在使用的社交平台。Google+ 尝试在一个社交产品中满足消费者在社交网络方面的所有需求点，但是结果却难以令人满意。

谷歌的一名员工表示："功能虽然很多，但是都不怎么样。"该公司的一名前员工指出："如果你看看用户数据，那么情况很清楚。用户并没有发布内容，他们没有重复使用 Google+，也没有与产品互动。"

这就是 Google+ 即使在推出之后第 24 天就实现了 2 000 万的用户，但是仍然无法避免失败的结局的原因。

大多数人把用户增长过于复杂化了，好像只有做一些非常规的事情才能带来增长。事实上，产品不需要复杂的虚饰；多花时间体验自己的产品，纯粹而优雅地理解产品价值，在小范围内使用一个合适的指标来测量产品原型被消费者接受的程度，不断进行新的产品价值的实验，直至找到一个能够打动消费者的产品。这样，你就成功地找到了一个可以撬动用户和产品之间联系的杠杆，老的用户将会留存下来，并不断地为你带来新的用户，这个时候你就可以开始迎接真正的增长了。获得这样的产品杠杆已成为企业适应竞争环境的必要条件。

"原型、测量、实验、产品"

因为没有人能够代表所有人,所以在解决痛点的过程中,数据测量、产品测试、产品迭代的过程是不可避免的。所有的产品经理都应该避免产生自己能够一步到位得到一个让消费者感到惊喜的产品的错觉。埃里克·莱斯(Eric Ries)在《精益创业》(The Lean Startup)中谈到了如何以最小的成本找到一个能够解决消费者痛点的产品:首先提供最小化可行产品获取用户反馈,然后在这个最小化可行产品基础上持续快速迭代,直至产品到达一个相对稳定的阶段再进行大规模的扩张。

常见观察消费者留存的模式被称为"消费者漏斗模型",它假设消费者在产品的生命周期中存在四个阶段,分别是消费者知晓阶段(获得消费者)、消费者尝试阶段(激活消费者)、消费者购买阶段(消费者参与)、消费者持续购买阶段(消费者扩散阶段)。消费者漏斗模型认为,所有的阶段转化必然伴随着消费者不断流失,流失属于正常的现象,需要关注的是流失的速度和比率,并根据每个阶段的流失速度和比率,判断应该采取何种对应的品牌营销措施来减缓流失。

一般而言,工业品和大宗消费品由于变化周期较长,以前一直采用产品(行业)生命周期这一工具来进行研判,判断产品处于启动阶段、成长阶段、成熟阶段还是衰退阶段,从而采取对应的品牌营销措施。

消费者漏斗模型则比较适用于快消品行业。因为快消品的产品生命周期较短，所以很难说某种快消品是处于其产品周期的启动阶段、成长阶段、成熟阶段还是衰退阶段，而是需要针对消费者在不同消费阶段转换时的漏出情况，采用相对应的品牌营销措施。

目前由于商业模式中信息元素的渗入，有大量的传统工业行业和大宗消费品行业的周期迭代速度加快。因此，对于这些行业，我们也放弃了传统的产品（行业）生命周期的角度，而是采用了消费者漏斗模型来观察消费者留存情况。

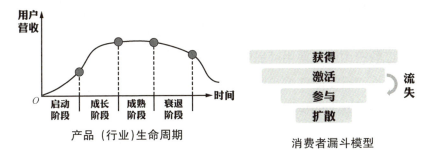

产品（行业）生命周期　　消费者漏斗模型

但是这样做还不够。由于供给领域的充分激烈竞争，目前获得新客户的成本急剧增高，流量的成本控制已经成为企业生存的关键；即使出现了一些新的媒体工具渠道，初期流量成本比较低廉，也会由于竞争的缘故导致后期流量成本急剧升高。在某种意义上而言，市场在充分竞争的条件下，无论是线上还是线下，获得消费者交易概率（流量）的成本必然是相同的。

线上广告—通过精准渠道投放　　线下广告—大范围宣传推广
购买排名—搜索引擎/应用商店　　新场景入口—基于场景的用户体验
流量共享—大流量应用的引流　　　线下入口—基于O2O服务的流量

流量获取的方式

今天，消费者留存的模式已经发生了很大的变化，为了降低流量的成本，企业需要首先推出一个最小化可行产品（Minimum Viable Product，MVP），在局部获得一小部分忠实用户。其次，企业需要设定合理的测量指标来观察产品和目标用户的匹配程度，收集这些忠实用户的反馈意见，对产品原型进行不断的迭代测试。企业必须通过不断观察测量指标，小心翼翼地控制每一个流量使其成为有效流量。最后，企业需要通过解决用户在使用产品中的痛点来扩散产品的影响力，使已经获得的流量能够给企业带来杠杆效应，从而获得更多的新用户。循环以上的步骤多次，直到确定目前的产品已经具备了用

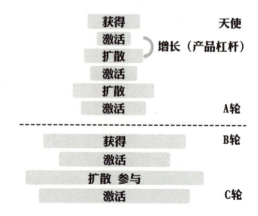

最小化可行产品（MVP）：产品原型

户层面的产品杠杆后,企业再进行大规模的购买流量的行为,从而在很短的时间内获得较大的市场份额。

"产品杠杆是解决痛点的关键"

三、如何产生痒点

产品杠杆的本质是为了更好地降低流量的成本,从而获得竞争优势。在用户被激活的阶段,用户获得了极高的满意度,从而在特定的时间内对于产品表现出了情感,在这个时候用户会倾向于向周边群体进行推荐。从商业社会未来发展的竞争博弈趋势来看,所有竞争的底层关键因素都是流量的成本,降低流量的成本是企业生存的关键,如何获得免费或低价的流量是未来所有企业在竞争中无可避免的话题,产品社交已经是所有企业的必经之路。

"社交已经成为一切服务的基础"

当然,我们要分清楚社交产品和产品社交。社交是一场信息交互运动,人的本质是一切社会关系的总和,社交本身就是人类的需求,满足社交需求的产品被称为社交产品。而产品社交是以产品为载体来帮助不同的人之间完成社交,虽然满足的仍然是社交的需求,但是话题围绕产品本身展开。例如,当某一款手机游戏普及率较高的时候,陌生人之间可以通过讨论这款游戏来克服社交障碍。

我们这里关注的是产品社交。在每个人的社交关系中，都有各种KOL（关键意见领袖）存在，他们对消费者的决策有绝对的影响，而在社交中进行的产品推荐具有信任背书，对产品产生的影响是任何其他市场营销行为都无法企及的。当我们说产品要尽可能靠近用户的时候，实际上是在讨论如何使产品站在用户决策的上游；当关于产品的信息在人群中发酵并被加工、联想的时候，产品将在用户群体中被赋予更强大的生命力。

"内容在二次传播的时候，才更有价值"

迪士尼的动画片《疯狂动物城》在进行影片预热宣传的时候，围绕的主题是亲情和人物成长的心路，但是后期引爆自媒体进行广泛的自发传播，从而给该影片带来了大量观众的主题，却是尼克和朱迪的恋爱关系——关于一只狐狸与一只兔子的爱情故事。之所以后期二次传播的关注点在这里，是由于这个题材和传统儿童故事之间的认知冲突矛盾引发了大家的好奇。这样的二次传播的方向和内容根本不是产品方的预设。

既然流量的二次传播是不可控制的，那么有正向的传播效果，也可能出现负面的口碑。例如，英国某时尚品牌的2019年中国市场新年广告公布之后，就产生了负面二次流量。该品牌试图借用现代艺术手法，讽刺狭隘、刻板、精神压抑的生活面貌，以表达对于传统的蔑视或对人性的愤世嫉俗。但是在中国春节这样的时间节点,许多人都笑话说这辑广告气氛诡异,像一部惊悚电影的海报,与喜气洋洋的新禧气氛格格不入。结果,这一新年广告产生的二次流量都是对这个品牌的反讽和嘲笑。这就是产品社交的负面性。

一般而言,在消费者和产品进行交互,产品满足消费者的需求点、解决其痛点的时候,消费者的以下四种心理状态是极容易被分享和传播的,在这一过程中往往就会完成从痛点到痒点的转换。

(1)有情:消费者感受到了这个产品的用心——为消费者的需求细节注入了无微不至的考虑。

(2)有钱:通过分享和介绍能够使消费者直接或者间接获益。这种方式最为直接,流量的分享方向也比较容易控制。但这并不是最好的产品社交方向,因为这种方式一旦成功就会吸引大量的资本和竞争者,从而使得流量的成本急剧提高,导致丧失成本优势。而且,以这种方式驱动分享的消费者,其支付能力往往不高,复购能力和单客交易金额都容易遭遇瓶颈。

(3)有趣:消费者在使用产品的过程中感受到了乐趣。这种情绪下的分享一般而言都是正向的,而且一旦启动后,流量成本极其低廉,但是也存在很大的瓶颈。有趣的感受很容易随着接触产品频次的增加而丧失,而且传播行为和产品销售之间的转换关系也很难确定。

(4)有品:消费者在使用产品的过程中,满足了彰显其身份和情怀的需求。这种情绪下的分享基本也是正面的,而且由于用户的禀赋心理效应,甚至会适度地夸大产品的功效。

如何让自己的产品具有社交属性,让用户自发地分享关于产品的信息,是所有企业关心的问题。很多企业都在尝试在自己的产品和用户的互动过程中,通过需求点的满足和痛点的解决使得用户产生"有情""有钱""有趣""有品"的心理状态。但是,非常多的企业已经通过新媒体的传播渠道联结了大量已经关注或者购买过产品的用户,却始终没有得到这些用户的自发推荐带来的新用户。这是因为产品社交和产品社区之间是有本质区别的。大量的企业其实是在经营社区而不是社交。

社交和社区的区别是:基于人际关系产生内容的是社交,基于内容而有人际关系的是社区。当企业聚集了大量的已经关注或者购买过产品的用户后,用户围绕某种主题、兴趣等组成了一个相对集中的群体,在这个群体中用户不进行任何的二次创作,那么用户进行自发分享的概率是极低的,这也就失去了做这件事情的意义。企业很容易构建自己的社区,但是如何让这个社区出现有影响力的人,并通过这些有影响力的人带动更多的人在社区中聚集,才是社区转变为社交的首要问题。构建围绕产品的利益链才是产品社交成功的奥秘。

"产品社交是产生痒点的关键"

在这一章,我们讨论了如何在较大时空维度上感知需求的特征,介绍了在具体消费者群体内观察需求的方法,完成了如何更好地满足消费者需求要点的学习。

当然,学习"需求"还有很多的角度。但是,感知需求的特征、观察需求的方法和满足需求的要点的内容已经较为全面，这三个角度从宏观到微观、从认知到方法，以富有逻辑的方式帮助读者完整了解消费者的需求。更重要的是，这三个角度的提炼经历了反复斟酌，可以在较大的时间段内持续使用，不会因为商业社会的迭代而很快被淘汰。在下一章中，我们将会针对"供给"展开讨论。

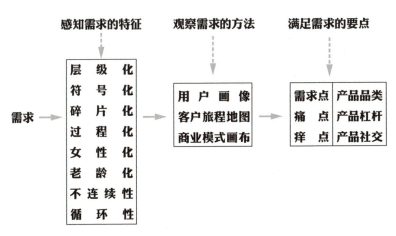

理解"需求"的三个角度

第五章
供 给

第五章 供 给

　　供给总是建立在需求的基础之上。即使有时候某些供给出现之后才引发了相关需求，其实这种需求一直都存在，只是出现了更好的供给方式来满足而已。

　　选择用什么角度来观察供给，是一件比较困难的事情。如果用品类的角度来观察供给，是对人类需求分类的罗列，只有检索的价值；如果用技术发展的角度来观察供给，未来的技术发展细节并不可预测，只有对过去总结回顾的价值。所以，需要对各类供给的本质进行萃取，然后在本质的维度上观察供给，这样观察角度的适用周期会长一些。

　　从本质上观察，人类目前所有的供给，可以分为五个层面，分别是应用层面、行业层面、社会层面、基础层面和核心层面。这五个层面距离消费者是越来越远的，很多供给是通过核心层面的创新，然后逐渐以更具体的产品方式来接触消费者，应用层面和行业层面的产品内核则由基础层面与核心层面提供。

　　这五个层面供给中的细节分类是随着时间的推移而变化的，但是这五个层面从第一次工业革命后没有变化过。在资本市场中经常会利用这种供给侧的本质观察角度来获得对新兴供给的规律理解和发展预测。一般而言，距离消费者越近的供给，资产回报率越高，但是越没有竞争壁垒，跨越的时间周期越短；而核心底层的供给，资产回报率非常不确定，但是一旦

```
赛道 ─────────────→ 赛道
应用    衣 住 文娱 教育 零售 政务
        食 行 体育 资源 卫生 公益

行业    计算与网络  人工智能   机器人   医疗健康   新材料
        能源环境    航空航天   交通运输  新金融    先进制造

社会    城市化  智能化  社交化
        信息化  虚拟化  参与化

基础    材料  计算能力  算法  生物  认知

核心    数学  物理  哲学  心理

本质
```

供给的五个层面

成功地建立了该层面的供给，其竞争壁垒是极高的。当核心层面出现了新的供给后，会引致基础层面出现新的供给，然后逐步向消费者端进行传导，这样会在五个层面依次产生大量新的商业模式创新和企业主体。当核心层面和基础层面迟迟没有新的供给出现，行业层面和应用层面的竞争便会趋同并愈益激烈，在社会层面则表现为经济的衰退。

资本市场将这五个层面供给中的细化分类称为赛道，也就是该供给所处的竞争序列。一般而言，资本关注供给是否有效，会从三个角度进行观察：赛手、赛车和赛道。

赛手就是掌控企业的主要领导者。事实上，无论在什么经济形式下，真正具有企业家精神的领导者总是稀缺的，因为能够掌握高阶学习方法论的人总是少数，绝大多数人在数据、信息和知识的层面就停止了认知进化。而且这类人很容易通过决策判断获得社会劳动价值回报，不需要承担创业创新的繁重工作，所以这类人从劳动力市场供给角度而言，是非常难得的。对于很多初创类型的公司，资本市场往往并不太关注具体的业务，而是更关注人的要素，因为这类人随着试错的次数增加，成功的概率会不断地提高。

赛车就是企业提供的具体产品和服务。我们要观察企业目前提供的产品和服务是否能够满足消费者的需求点，是否能够驱动消费痛点转换为痒点。这种观察供给的角度进入了"术"的层面。如果一种产品或服务被证明是有效的，那么使用资本驱动获得更多的流量加持，就可以获得在这类供给市场中的垄断地位，形成"系统平台"或者"飞轮效应"的竞争壁垒。

赛道就是企业所处的竞争序列。如果企业处于一个错误的序列，那么，无论产品层面如何完善也是避免不了失败的。企业如果能够在合适的时间切入赛道，那么获得成功的概率会极大地提升。但是，鉴于需求的"不连续性"特征，具体到商业层面的需求趋势预测还是无法做到的；选择在赛道层面观察供给有效性的话，就需要容忍相当长的资本回报周期。

孙正义经常说，他为软银制定了一个30年的计划，投资愿景已经延伸到了300年以后的未来。这就是非常典型的从赛道角度来观察供给的例子。

在第四章"需求"中我们已经分析过了，如果某单一业务环节被资本通过低价和免费的方式打穿后，虽然形成了竞争优势，但是也不具备了盈利的可能，资本只能通过产业链的纵向延伸寻找盈利可能性。Uber和WeWork的现状给我们带来的启示是，对于没有底层供给创新的下一层的供给竞争，最后一定是资本策略胜出，因为低价和免费的方式是降维打击。但是，即使资本策略通过低价和免费的方式获得了这个市场，这个市场也不会增加任何需求，甚至会萎缩。如果不能通过产业链的纵向延伸寻找盈利点，这类企业在挤出了所有竞争对手的同时也掘开了自己的坟墓。

采用赛手、赛车和赛道的方式观察供给，并不仅仅适用于投资者和创业者，对于劳动力提供者也是适合的。在选择自己未来的职业发展方向的时候，赛道的优势是大于其他因素的，因为劳动力提供者的职业寿命足够其切换几个不同的赛道就业，或者等待某一个赛道的爆发。在选择就业的时候，在小公司主要看企业领导者的魅力和视野，这类公司未来发展主要靠赛手；在中型公司主要看产品，这类公司未来发展主要靠赛车；在大型公司主要看公司所处的竞争序列，这类公司在一定周期内的发展主要靠赛道选择。

不过，本书中对供给的分析，并不采用以上观察角度。因为这类观察的角度仅仅能够判断不同层面供给的价值，而无法告知读者如何在不同类别的供给中创造价值。曼德布罗集的存在证明了一件事情：无论多么复杂的现象都可以用非常简单的原则表达或叠加而得。所有领域的人士都能够用主体、主体联系和系统的方式将自己掌握的数据、信息和知识完全涵盖，组成一个具有底层主体核心的认知体系。因此，在这里我们采用"主体""主体联系""系统"的方式来观察供给，描述如何在这三类供给中创造价值。

按照以上观察角度，我们将世界上所有的供给分成了三类：提供"主体"的供给，提供"主体联系"的供给，提供"系统"的供给。

（1）提供"主体"的供给：致力于提供具体的某种产品或服务。

（2）提供"主体联系"的供给：致力于提升不同产品和服务之间的连接效率。

（3）提供"系统"的供给：致力于构建容纳不同产品和服务，从而形成消费者路径闭环。

按照这种方式来观察供给，要明晰的第一个规律是：供给模式是会成长进化的，同一种供给会在这三个模式阶段之间切换。例如，微信刚刚出现的时候，专注于解决人们社交中的信息传递问题，它属于主体层面的供给。当越来越多的人开始使用它，为了实现盈利，它会连接一些其他产品进入原生产品中，开始增加一些场景服务（例如小游戏和购物），这个时候它属于主体联系层面的供给。当越来越多的用户由于社交需求而经常使用微信的时候，腾讯将人类几乎所有层面的需求类别都连接到了以微信为核心的系统之中，这个时候它已经进化演变为一个系统层面的供给。

不过，在供给模式成长的过程中，并不是系统模式优于主体联系模式、主体联系模式优于主体模式。供给模式在不同的阶段所需要的企业家能力是完全不同的，对应的企业文化和制度风格以及对人员素质和能力的要求也是完全不同的。事实

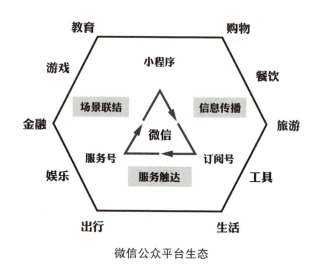

微信公众平台生态

上，有大量的企业由于融资的原因，迫于资本回报周期的压力提前进行了扩张，在企业内外部资源不匹配的情况下，加快了企业死亡的速度。更为重要的是，随着连接的主体越来越多，对于企业而言所需的能量是以几何倍数增长的。在资源有限的情况下，绝大多数企业完全没有可能打造系统式的供给模式。任何行为成功的概率并不是完全由行为本身决定的，而是本体行为和其他行为博弈后的结果。当资本积累到一定阈值，企业成功的概率会极大地提高，这个阈值随着社会整体财富增长而保持增长，并且增长的速度比社会整体财富增长的平均速度快很多。企业在进行供给模式构建和迭代的时候，要明白自己能够做什么，而不是梦想做什么。企业并不是越大越好，也不是越复杂越好。

第五章 供 给

"马太效应：凡有的，还要加给他，叫他有余"

当然，并不是一个供给模式进化到系统层面后，就具备了不可被击败的能力。系统供给模式的"阿喀琉斯之踵"就是系统的核心，核心一旦被替代后，整个系统崩坏的速度相当快。由于需求的不连续性，颠覆行业的方式和产品往往并不能通过对本行业的连续观察发现，而是由于其他行业领域的丰富资源导致了本行业中出现了完全创新的产品。例如，微信取代人人网和飞信的基础是手机智能终端的普及和网络流量费用的下降。

事实上，以增强现实（augmented reality，AR）和虚拟现实（virtual reality，VR）概念进行创新的例子已经并不新鲜了。早在1984年，美国国家航空和航天局（NASA）埃姆斯研究中心（Ames Research Center）就已经开发出用于火星探测的虚拟环境视觉显示器，但是直到今天也没有在这些领域中产生真正消费级别的供给模式。如果你佩戴过三星公司的虚拟现实头显设备Gear，或者是索尼PlayStation VR设备，抑或是HTC Vive头盔，就会很快理解这个行业到现在还没有出现真正供给模式的原因。所有的虚拟现实技术都无法真正解决大脑感受视觉信息和运动的不协调所产生的晕动症，也就是说限制这个行业真正实现爆破性增长的原因是在脑神经医学层面的理论研究还没成熟。所以，供给模式中的主体模式并不逊色于主体联系模式或系统模式，当有一个新底层主体产品出现时，它将会颠覆所有依托在这个主体上的商业供给模式，围绕着这

183

个新的底层主体会产生一个新的系统,这个时候,无论原有系统构建得多么庞大,都避免不了死亡的结局。原有的系统为了避免被从底层颠覆的命运,只有一个办法,那就是尝试兼并一切未来的可能性。供给模式会在主体、主体联系、系统之间不断地循环,并不存在供给模式类型的优劣区分。

"今天的商业模式创新都建立在手机的基础上,明天会是什么?"

采用主体、主体联系和系统的角度观察供给的缘故,除了这种观察角度能够评估不同供给模式的价值,能够帮助读者掌握在这三类供给中如何创造价值之外,最重要的是为了进行对第一部分中"主体、主体联系和系统"观察角度的实践。这种观察角度对应的是一种曼德布罗集式的观察方式,可以在不同的层面进行实践。除了采用这种方式对所有供给模式进行分类之外,我们还可以通过分类找到这些供给模式进化迭代的特征,通过特征寻找不同供给模式的核心价值。我们可以进一步采用这种观察角度来思考一些具体行业和产品层面的事情。

例如,我们可以进一步探究属于主体联系供给模式的不同行业本质。生鲜零售行业连接的主体是人与生鲜产品。我们看到,虽然生鲜零售行业从集贸市场业态走到了超市业态,又从超市业态分化出来了便利店业态,但是今天集贸市场仍然存在,超市依旧存在,便利店并不会"杀死"超市,超市也不会导致集贸市场的消亡。这是因为生鲜零售行业的基础是农业,农业变化的周期非常长，生鲜零售行业的周期一定是服从农业底层周期的，因此生鲜零售行业的变化会非常缓慢。对生鲜零售行业进行改造的新零售业态，如果进行盲目的扩张，必然是错误的选择。即使是新零售业态，在生鲜零售行业单店盈利的目标也远比所谓的行业市场份额重要。

用同样的方式，我们再来观察连接人与信息的行业，例如文化传媒行业，我们就不难理解为什么漫威会以每一年打造一个 IP 的方式来构建人与信息的连接，也不难理解迪士尼乐园中的英雄和卡通人物的出现时间周期和节奏。因为这个行业连接的主体中，信息元素需要在人群中沉淀、传播，所以这个行业的变化周期是以年为单位的。

我们再来观察连接人与人的行业。例如，社交行业连接的主体是人，那么决定社交行业周期的就是人性。人性虽然在大周期上看来没有什么变化，但是在具体产品层面变化的速度非常快，需求的循环性已经证明了这一点。这样，我们也就不难理解为什么中国的社交行业产品兴起和消亡的速度同样快。

在我们基本掌握了如何用主体、主体联系和系统的观察角度来对供给模式分类后，接下来将会介绍不同供给模式进化迭代的特征，通过特征寻找不同供给模式的核心价值，展示在不同层面供给模式中创造核心价值所崇尚的精神规律。

匠心精神

在主体商业模式竞争的初期阶段，由于供给还没有完全满

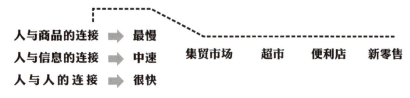

供给模式的分类举例

足需求，或者信息不对称导致了在局部时空范围内供给不能充分满足需求，这个时候竞争的主要理念是生产理念和产品理念。生产理念和产品理念是使自己的产品线更具有规模优势从而产生低成本优势，或者使自己的产品组合能够满足足够多品类的需求而获得范围效应。随着竞争愈益激烈，供给已经开始溢出，这个时候竞争的理念进化为销售理念和品牌定位理念：通过更好的销售渠道接近消费者，更好地通过定位从而集中成本满足客户需求成为关键。

在多人博弈的局面下，最后得到的稳定策略并不是最优策略，构建竞争优势的方法需随着其他竞争者策略的变化而不断变化。当一种策略已经普及后，这种策略就已经不能再帮助企业构建竞争优势，企业只有在这种已经普及的策略基础上采取更进一步的策略才能维持原有竞争优势。红色皇后对爱丽丝说："你能跑多快就跑多快，这样你才能停留在原地。"对于企业而言也是如此。

随着竞争的日趋激烈，单纯地满足消费者的需求点或单纯地采用各类品牌定位手段来联结消费者和产品品牌的方法都已经不能产生竞争优势了。企业要能够通过自己的产品感动消费者。所以，在原有的品牌定位策略基础上，很多企业加入了社会责任，通过承担社会责任来更好地和消费者沟通，从而让消费者在产品使用过程中产生世界观层面的情感共鸣。但是，这种群体化的感性认知方式也被几乎所有的竞争者采用过了。现在，企业需要让消费者在从打开包装直至使用产品的过程中和产品产生交互行为，通过交互产生强烈的个体情感。

需求是循环性的，由于竞争态势的日益激烈，企业崇尚的理念从生产理念进化到产品理念，再到销售理念，再到品牌定位理念，再到社会责任理念，最后重新回归到了产品本身层面来实现和其他竞争者的区分。当然，并不是说销售渠道、品牌定位和社会责任不重要了，而是建立在已经成熟的销售渠道、精准的品牌定位和与时俱进的社会责任的基础上，需要对于产品层面的进一步再造，赋予产品层面生产制造的感性价值，这就是匠心精神。

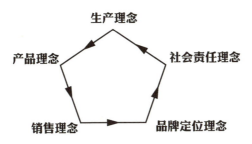

竞争的不同阶段企业崇尚的理念

匠心精神的表象是一种职业精神，它是生产制造者的职业道德、职业能力、职业品质的体现，是从业者的一种职业价值取向和行为表现。匠心精神的本质是通过这种职业价值取向实现和消费者的沟通，通过不断在产品层面真正地为消费者解决痛点问题，赋予产品在消费者层面的感性增值。匠心精神的本质是企业从产品逻辑到客户逻辑的转变，是企业通过产品建立用户关系，了解用户变化，从而实现产品迭代，不断保持并提高产品和消费者的匹配度的过程。

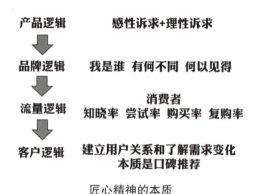

匠心精神的本质

例如，智米科技的主要产品小米空气净化器在生产制造的时候遇到一个问题：面板的开孔到底是大一点好还是小一点好？从工程制造的角度而言，面板在满足产品最低刚度要求的前提下，开孔越大，其进风和出风速率越高，空气净化的效能越好，也就是说，产品的需求点满足得越好。但是，智米科技的CEO苏峻（清华大学美术学院艺术设计学博士）作为小米空气净化器设计师，从美学视觉的角度去观察工业制造品，发现从远处观看的时候，在白色和黑色之间存在视觉混视效应，由此产生的过度的灰色显得不是很干净，而如果孔小一些，空气净化器看起来会更加整洁。为了确定净化器孔的大小，当时做了10多个方案。同样是5 730个孔，太大了不好看，太小了则会影响产品性能。经过反复打磨，最终确定了每一个孔的直径是0.2毫米。当用户打开包装的时候，会发现这个产品不仅仅具有净化空气的效能，而且噪声较低，不影响睡眠，最重要的是当它放在客厅的时候，看起来更像一个工艺品，从视觉上能够让用户产生愉悦。

匠心精神是企业经营具体产品和服务过程中的逻辑转换工具。通过新媒体渠道具备了运营客户的机会，利用全球最发达的工业协作网络可以实现面向越来越细分化客户群体的柔性化生产，现在需要我们深刻观察消费者使用产品的全过程，满足用户需求的个性化要求，节约用户的决策时间成本，通过产品迭代与消费者建立长期的关系，使他们能够通过具体的产品了解企业。今天，赖以建立用户和企业之间联系的已经不是品牌，而是回归到具体的一个个产品，是具体的产品不断为消费者解决问题，从而感动消费者，使消费者自发地向周边群体推荐这个产品，而不是推荐这个品牌。品牌和产品之间的逻辑关系已经发生了转变：以前的品牌是给消费者带来感性价值增值的来源，今天感性价值增值绝大多数则是来自具体产品的使用过程。

"匠心精神是主体供给模式创造价值中所崇尚的精神规律"

互联网精神

主体联系商业模式致力于提升不同产品和服务之间的连接效率,这种商业供给模式的本质是将信息元素更好地嵌入原有商业模式,从而加快现有商业模式的内外部信息流动速度,提升物质和能量元素的转化效率。这类商业供给模式本身并不创造产品和服务,但是能通过更高的连接效率,提升产品和服务被消费的概率和频次,它的主要价值在于消除供给双方在信息上的不对称,从而降低供给和需求两个方面的决策成本和时间成本,以此支撑处于主体联系供给层面企业的收费和盈利模式。

主体联系商业模式建立了不同需求和供给之间的信息渠道,这种信息渠道被供给和需求方熟悉之后,就会极大地提升整个行业的产业效率。但是这种商业模式存在一个致命的问题:采用这种模式很难获得竞争壁垒,避免其他后进入者与之竞争。在产品层面的竞争力永远属于供给方,信息渠道只能帮助供给侧改善其产品和服务,但是永远无法获得实质层面的产品壁垒。对于消费者而言,满足需求点和解决痛点的是供给方,最后产生的心智联结本质上是与产品品牌之间的联结,消费者并不会对信息渠道产生品牌忠诚度。在供给方的产品和服务雷同相似的时候,消费者选择信息渠道的决策具有随机性。正因为如此,绝大多数主体联系商业模式在多主体重复博弈的局面下,都会进入"柠檬市场"竞争博弈格局。

在竞争中，个体行为并不是由个体的最优决策决定，而是个体基于其他个体的决策而采取的理性策略。"柠檬"（lemon）在美国俚语中表示"次品"或"不中用的东西"，"柠檬市场"（the market for lemons）效应则是指在信息不对称的情况下，往往好的商品遭到淘汰，而劣等品会逐渐占领市场，取代好的商品，导致市场中都是劣等品。例如，在二手车市场上，由于交易一方并不知道商品的真正价值，只能通过市场上的平均价格来判断平均质量，由于难以分清商品好坏，因此也只愿意付出平均价格，这样就导致了二手车市场中保养较好的车辆反而收益会很低，而次品和事故车反而收益较高，最后的博弈局面就是二手车市场中充满了大量的劣质二手车。

如果主体联系供给模式中的竞争者并不能在产品层面、渠道层面构建竞争壁垒，那么最后决定消费者使用信息渠道的就仅剩下了促销层面和价格层面。能够持续让消费者使用自己的信息渠道而不去使用其他竞争者信息渠道的多主体博弈，就一定会局限在促销层面和价格层面，主体多次重复博弈的最终结果就是免费，主体联系供给模式的免费化由此展开。

在我国，主体联系供给商业模式的免费化是从杀毒软件行业开始的。当时，奇虎公司将杀毒软件产品免费提供给消费者，获得了大量的没有付费的用户，而奇虎则通过软件推荐和应用软件排名的方式获得了更多的盈利。企业发现，利用某种中高频的基础需求作为媒介，以低价或免费的方式来满足这种中高频的基础需求，能够快速获得大量消费者。即使消费者没

进化密码

有充足的支付能力或支付欲望，但是只要消费者持续地和企业发生联系，就一定会有将来购买其他相关类别产品的概率，从而使得企业构建的信息渠道具有了盈利模式和收费可能。这就是互联网精神。

对于互联网精神有很多种解释，一般而言，人们认为其代表了"开放、平等、协作、快速、分享"，但其实这些都是互联网精神的表象。互联网的作用是在商业模式中放大了信息元素的作用。信息元素与物质元素、能量元素最大的区别在于，获得物质元素和能量元素的行为是零和博弈，不会由于协作和分享而增值，而信息元素的结构越复杂，联结的主体越多，其价值越大，且会呈几何倍增。基于私人物品交换的理性经济人假设，信息元素构建的商业模式会体现出开放、平等、协作、快速、分享的特征，因为这些特征取向会使这类企业的价值呈几何倍增。也就是说，在私人物品领域某些供给模式出现的利他行为的本质还是利己，准确地把握互联网精神还是要基于利己的价值角度。互联网精神是主体联系供给模式企业的多主体反复博弈的结果，虽然这种基于信息层面的博弈消除了信息的不对称性，但是并没有避免这类行业竞争进入"柠檬市场"格局。

共享单车行业最好地解释了主体联系供给模式反复竞争博弈的过程和终局。摩拜单车的供给模式确实非常有效地构建了一个信息渠道，而且这个信息渠道停留在单车产品层面就已经可以实现快速盈利，更不用谈基于这个信息渠道未来可能出现的其他衍生产品需求的盈利预期。但是，其他竞争者加入博弈后，迅速地将竞争格局从产品层面拉到了促销层面。在低价免费的降维打击面前，其他所有的营销策略都是无效的，因此在单车分时租赁的行业中，脱离了产品质量竞争和品牌认知竞争，直接进入了资本竞争。因为没有人能够避免竞争者进入，竞争者进入后必然采用低价免费策略，而低价免费策略必然导致这个行业大规模亏损，这就是主体联系供给模式博弈后的必然悲剧。现在，反复博弈已经开始不仅仅停留在低价或免费层面了，甚至已经出现付费给用户的做法。主体联系供给模式的本质决定了没有壁垒的竞争注定会进入资本层面。信息元素在商业模式中的广泛应用，看起来消除了基于时空限制的信息不对称，克服了能量元素和物质元素的时空限制，但是会导致竞争进入资本层面，所以事实上会极大增加商业的垄断和不平等特性。

主体联系供给模式为了避免这样的博弈悲剧，有三种方式来构建竞争壁垒，从而保持企业生存优势。

第一种方式是由主体联系模式下沉到主体模式，通过构建信息渠道得到了用户和供给方后，迅速切入实际产品业务领域中获得竞争壁垒。

第二种方式是主体联系模式向系统模式发展。在获得了足够多的用户后，迅速地打通纵向或者横向产业链，实现衍生业务盈利增长，确保信息渠道的低价或者免费策略能够持续。

获得这种竞争壁垒的过程具有很大的不确定性，有大量的主体联系模式企业没有成功的过渡到系统模式，虽然通过资本以低价和免费的方式打通了单一业务环节，形成了竞争优势，但是在这个业务环节也不具备盈利的可能，又没有通过产业链的纵向延伸寻找到盈利可能性，最后都无法逃脱消亡的结局。

第三种方式是通过主体联系模式信息渠道传递的数据维度比较复杂，能够成功地通过信息渠道对消费者进行个体画像，从而构建极强的数据层面的飞轮效应，支撑企业在广告业务和电商引流方面的商业价值。

"互联网精神是主体联系模式多主体重复博弈所体现的精神规律"

组织创新精神

系统供给模式致力于构建容纳不同产品和服务从而形成消费者路径闭环。这种供给模式通过免费或者低价的方式满足一种中高频的需求，以这个需求为核心开展相关衍生业务的联结，直到最后形成能够涵盖消费者多种衍生需求的闭环路径。这种供给模式具有极强的垄断性，一旦构建成功，只要能够以匠心精神不断迭代底层需求的产品和服务，保持产品和消费者之间的匹配度，系统供给模式被颠覆的概率是极低的。

但是，这种供给模式存在两个致命的弊端：第一是由于需求的碎片化导致的信息处理周期和组织结构之间的冲突；第二是由于需求的不连续性导致的系统底层需求核心业务突然被取代的危机。

首先，我们来观察由于需求的碎片化导致的信息处理周期和组织结构之间的冲突。以这个底层需求服务产品为核心，联结了大量的其他衍生业务，这个系统也就变得越来越复杂。为了达成不同业务之间的规模效应，实现不同业务之间核心竞争力的互补和协同效应，业务流程变得越来越复杂，信息流转的速度也会越来越慢，使得业务决策和环境变化之间的差距越来越大，导致核心业务不能适应具体时空的环境变化而失去用户。

亚马逊是美国最大的网络电子商务公司，已成为全球商品品种最多的网上零售商和全球第二大互联网企业。2019年，亚马逊宣布关闭中国市场电商业务，不再销售在中国采购的商品，仅保留从美国亚马逊、日本亚马逊等海外区域直邮中国的商品。

亚马逊的电子商业业务在中国本土化不成功的一个原因就是它的组织系统构建的信息流程已经无法适应环境变化的要求。

电子商务用户完成初步购物选择后，一般会经历货品号码选择、配送地址填写、配送时间承诺、价格优惠结算、发票结算细则、货款地址确定这六个环节完成整个购物流程。在每一个环节，用户都存在因为不能满足其需求而离开购物流程的概率。中国的电子商务用户习惯在完成了货品号码选择之后，迅速进入价格优惠结算页面。而亚马逊的流程逻辑是完成货品号码选择之后，需要先完成烦琐的配送地址填写、配送时间承诺、发票结算细则环节，再进入价格优惠结算。由于烦琐的优惠条款计算和理解误差，因此最后的价格结算非常有可能并不符合中国用户的期待，这个时候用户由于在前面完成了其他环节，占用了用户的时间，导致流程体验感非常不好，放弃购买的时候会产生极强的不满意度，这种不满意度会导致丧失再次购买的兴趣，甚至是长期放弃使用亚马逊的电子商务平台。

在美国，由于人口分散、物流配送成本较高等因素限制，电子商务购物用户的主要痛点是配送地区和配送时间周期，这样的页面流程逻辑完全符合美国市场的用户消费心理。但是，这样的页面流程逻辑并不符合中国市场的用户消费心理。非常多的大型组织机构都存在类似的问题：在环境变化迭代速度较快的商业社会中，由于信息流在科层组织中流转的时间过长，决策权和实际业务之间的管理层级过多，导致了决策严重滞后于环境变化。这就需要针对系统供给模式的企业，在科层组织结构的基础上进行组织结构创新，从而避免这一矛盾。

"在环境急剧变化的时候，恐龙是最先灭绝的"

其次，我们来观察由于需求不连续性导致的系统底层核心业务突然被取代的危机。柯达最先发明了数字成像技术，但柯达的决策者们由于担心胶卷销量受到影响，一直未敢大力发展数字业务。2000年之后，全球数码市场连续高速增长，规模翻了差不多两倍，而全球彩色胶卷的需求开始以每年10%的速度开始急速下滑。2004年，柯达推出六款姗姗来迟的数码相机，但利润率仅1%，其传统业务的收入则萎缩了17%。

大家对于这个案例之所以耳熟能详，是因为企业底层产品被颠覆的案例在20年前其实并不多见，但是在今天的商业社会中，这种案例比比皆是。

方便面最大的竞争对手是外卖软件，打败小偷的是手机支付，黑车消亡的原因是单车租赁行业的兴起。今天，由于需求的不连续性被信息元素极度放大，企业面临的往往都不是来自本行业的竞争，而是在某些资源丰富的基础上出现的新商业模式的竞争。

"我消灭你，与你无关"

为了避免自己的系统核心底层业务被其他新的产品服务取代，系统主体模式组织的外部竞争策略体现为在不同新的领域进行兼并收购，只要出现了新的商业模式就通过资本运作的方式参与，从而实现了对于需求不确定性的把控。"风口来了猪都能飞起来"，既然不能预测风口在哪里，那就把所有的风口全部占上，这样可以最大限度避免系统被颠覆的命运。不过，这种策略对于资本的阈值要求极高，而且由于生产制造产业链的丰富成熟，新媒体渠道传播效率极大提升，往往一旦出现一种新的商业模式或者产品服务，在非常短的时间内就会成长为和已有系统具有同样体量的竞争者，从而导致这种外部策略的边际效应越来越差。

为了避免自己的系统核心底层业务被其他新的产品服务取代，系统主体模式组织的内部竞争策略是在企业内部进行大量的试错，借助在各种方向上的尝试，甚至在重点发展方向上采取冗余的组织架构，鼓励内部组织互相竞争，确保系统组织不会错过任何的风口机会。今天，达到系统规模的企业都显得有些"不务正业"，主营业务变化之间没有任何表面上的关联。所以，为了避免系统底层核心业务突然被取代的危机，企业需要对传统的组织模式进行改造，从而能够支撑内部业务不断的试错创新。

"企业进化的方向就是不断试错"

解决系统供给模式两个致命弊端的方式都指向了对传统的科层组织进行改造。致力于通过组织结构模式改变使企业适应新的竞争环境的精神被称为组织创新精神。

目前组织结构创新的主要方向是构建"小团队＋大后台"形式的敏捷组织。在横向维度上，靠近用户端的核心业务团队采用自主组合的小团队形式，使得业务团队的规模和方向能够根据环境变化进行快速调整，在基础性的行政资源业务端仍然采取科层组织结构，从而使核心业务团队能够共享这些资源，降低整个企业的试错创新成本。在纵向维度上，业务信息流仅仅局限在业务团队内部闭合，业务团队对于业务高度自治，业务团队的构建完全基于具体任务，团队成员具备所需的关键技能就可以完成产品的整个交付过程。在组织内部倡导简单有效、透明分享的协调机制，创造鼓励创新、容忍失败的文化环境，允许横向传递与交流的信息共享机制，这种组织创新的方式在许多系统供给模式的企业中正在尝试和运行。

许多企业已经开始以核心业务为最小单位进行团队构建，

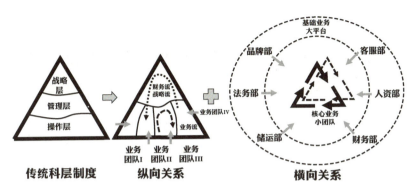

组织结构创新

这些团队之间共享平台资源，同时又存在业务竞争关系，企业鼓励团队进行各类方向上的创新与试错。这一组织结构构建原则被总结为"阿米巴模式"。这种模式能够让企业在保持大企业规模优势的同时，具备小企业的灵活性，从而灵活应对市场环境变化而迅速做出调整。

今天已经采取系统供给模式的企业，都不得不在组织结构方面进行这样的调整。需求的碎片化特征决定了企业必须将业务单元同样碎片化，而需求的不连续性决定了企业必须在内部形成某种意义上的试错业务单元，通过业务单元的试错来避免整个系统面临试错的风险。

当前企业在业务单元和组织架构上最重要的一个词就是"划小"。对于主体供给模式基于最小化可行产品的匠心精神，对于主体联系供给模式基于高频次迭代竞争逻辑的互联网精神，对于系统供给模式采取的敏捷性小团队组织展现的组织创新精神，都可以用"划小"这个词来体现其精髓。组织创新精神是采取系统供给模式的企业在进化过程中博弈的必然选择。

 "组织创新精神是系统供给模式为了避免颠覆的精神信仰"

至此，我们已经完成了对于所有商业供给模式的分类，介绍了如何通过主体、主体联系和系统的分类方式观察供给模式的价值，以及如何在这三类供给模式中通过匠心精神、互联网精神和组织创新精神来创新更多的价值。接下来，我们将会进入下一模块，阐明连接需求和供给的"方法"。

第六章
方 法

完成了对于需求的感知和特征的把握，以及理解了供给的分类价值评估和创造价值的精神之后，我们需要回答的是如何将需求和供给连接起来。我们看到了应该去满足什么样的需求，也清楚了应该用什么样的方式去满足这些需求。通过对需求和供给的学习，我们能够感知到问题，当一个具体的问题出现在我们面前的时候，需要我们找到解决的方法。

方法是为了解决一个具体的问题。当问题出现时，最重要的是对这个问题进行类别的界定。虽然我们对于归纳出来的原则或道理已经不再迷信，因为时空维度下的信息元素嵌入导致了问题变化得越来越快。以前我们对于"黑天鹅"的出现会非常诧异，因为"黑天鹅"事件是极其罕见的，现在我们对于"灰犀牛"却习以为常，这些大概率而且影响巨大的潜在危机已经成为常态。虽然世界是不连续的，但是人类的认知从来无法摆脱连续性，即使出现了底层系统的顿悟，这种顿悟也是来自以往认知的延续，只是将认知系统中的主体重新联结后再构，形成了新的认知系统。亚里士多德最早提出，一种观念的产生必伴以另一种与之相似的或相反的，或在过去经验中曾与之同时出现的观念的产生。我们需要在认知连续性的基础上去解决不连续跳跃的问题。

当然，解决的方法是通过主体、主体联系和系统的观察角度来认知问题，在认知问题的时候需要调用同样底层主体构建的认知系统。但是，我们可以试着将不同的问题进行分类，通过一个比较底层的分类方式找到适用的规律，而这种规律能够帮助我们更好地使用"格局"的方法。因此，在这一章我们首先开始定义问题，在定义问题的分类基础上介绍问题解决方法。也许我们已经很好地定义了问题，也许我们采用了合适的方法，但是我们仍然有可能没有解决问题。这个时候需要我们去忍受问题，等待这个问题中我们还没有认知到的主体变得清晰，等待我们认知到但是无法解决的主体具备解决的条件。有的时候，等待是最好的解决办法，解决问题需要我们具备忍受问题的能力。所以，我们将会按照"定义问题""解决问题""忍受问题"的节奏来完成本书的最后一章。

只是，我们一定需要知道，知识的传递有"道、法、术、器"四个层面，越是详细具体的知识，越是容易被掌握，而且由于其具有很强的短期实践性，所以很受重视。但是，事实上，具体知识的应用时空范围是极其有限的。例如，关于如何理解和应用区块链技术，如果从"去中心化分布式记账"的层面去了解学习，很有可能我们并不清楚这个技术会在哪些层面有应用场景和发展未来，而如果从"区块链可以降低信任成本"的层面去了解学习，那么我们也许会得到更多的启示。因此，即使本章将会进入具体"术"和"器"的层面，但仍然会尽可能选择底层观察的角度，从而避免内容很快成为"明日黄花"。

定义问题

解决问题的关键在于回答：这个问题究竟是一个什么样的问题？人类通过大脑皮层和海马体协同处理信息，其中海马体负责分类，皮层负责处理细节。无论信息来源、接受方式以及反应行为如何变化，人类在考虑认识问题的时候首先优先处理分类而不是细节，这一规律从来没有变化过，因为通过对一个问题准确的不断细分，直到找到一些在局部范围内已经被验证有效的规律，这种方式能够有效地降低处理问题的能耗，较快地帮助我们完成主体、主体联系和系统的思考步骤。

英国数学家贝叶斯（Thomas Bayes）主要研究概率论，他将归纳推理法用于概率论基础理论，并创立了贝叶斯统计理论。贝叶斯统计理论是指当分析样本大到接近总体数时，样本中事件发生的概率将接近于总体中事件发生的概率。

"贝叶斯定理：
$P(A|B) = P(B|A) \times P(A) / P(B)$"

生命科学家用贝叶斯定理研究基因是如何被控制的；教育学家观察到学生的学习过程其实就是贝叶斯定理的运用；基金经理用贝叶斯定理找到投资策略。谷歌公司用贝叶斯定理改进搜索功能，帮助用户过滤垃圾邮件，无人驾驶汽车则可接收车顶传感器收集到的路况和交通数据，运用贝叶斯定理更新从地图上获得的信息。可以说,所有需要做出概率预测的地方都可以见到贝叶斯定理的影子。

让我们仔细观察贝叶斯定理。我们一直在试图预测一个新的问题系统的未来($P(A|B)$),这个新的问题系统是在原来的系统($P(A)$)受到了一个新的策略或者方法($P(B)$)的推动后出现的。我们对于现在的系统($P(A)$)和即将采取的策略方法($P(B)$)往往都是比较了解的,如果我们需要准确地知道新的系统($P(A|B)$)的发展方向,那么我们需要了解的是对于这类系统采取了什么样的方法,从而得出成功概率较高的规律($P(B|A)$)。如果我们能够准确地定义一个问题的类别,那么已经成功解决这类问题的方法,在这个问题上的适用性是较高的。

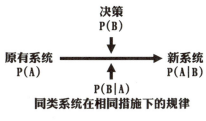

贝叶斯定理的逻辑

所以,解决问题的第一步需要我们准确地将商业社会中的所有问题进行分类,找到清晰的分类维度以适合未来所有新的系统问题。新的系统问题采取已经成功解决这类问题的解决思路方法,得到解决的概率是非常高的,也就是说我们成功地找到了解决问题的思路方法。

在本书中，笔者将商业社会中的所有问题分为了三类，分别是：

- 确定的不确定的需求问题
- 不确定的确定的需求问题
- 不确定的不确定的需求问题

第一个确定/不确定是说解决这类需求的"形式"，第二个确定/不确定是说解决这类需求的"目标"。

例如，假设我们打算提高某个电子阅读软件的用户浏览时长。这个需求提出了一个具体的问题，为了解决这个问题我们就要寻求方法。这个问题的"形式"非常清楚，就是优化页面布局、采用不同的页面逻辑和不同的配色设计，但是这个问题的"目标"并不确定：到底什么样的页面布局、页面逻辑和配色设计才能提高用户浏览时长？这是一个"确定的不确定的需求问题"。这类问题被证明采用基于事实依据进行决策的方法，其成功的概率会更高。解决这类问题的方法思路属于方法化层面。

现在假设我们打算解决如何使计算机的操作更加简便，来代替键盘烦琐指令的问题。这个需求提出了一个具体的问题，这个问题的"目标"非常清楚：我们需要一个"显示系统纵横位置指示器"。但是，这个问题的"形式"并不清楚。这个指示器，后来我们称之为"鼠标"，是因为在出现了具体的解决方案之后，我们观察到其形式很类似于一只老鼠的样子，而不是因为在解决这个问题之前，就已经知道应该采用这样的一个形式来解决这个问题。这是一个"不确定的确定的需求问题"。这类问题被证明采用基于理性科学流程进行决策的方法，其成功的概率会更高。解决这类问题的方法思路仍属于方法化层面。

当然，我们面临的更多的是一些"不确定的不确定的需求问题"，例如企业如何进行投资、如何在风口无法预测的时候取得较高资产回报率等问题。这类问题的"形式"和"目标"都不确定，它们在企业的战略层面出现的概率是较高的。这类问题被证明采用基于认知系统进行决策的方法，其成功的概率会更高。解决这类问题的方法思路属于方法论化层面。

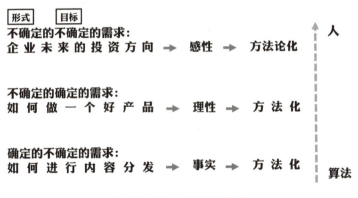

需求的分类：确定/不确定

一、确定的不确定的需求

针对"确定的不确定的需求"最常用的方法思路是采用数据思维。数据思维是根据数据来思考事物的一种思维模式。这是一种量化的思维模式，进行决策的时候以数据结果为准，从而避免个人的喜好偏差。采用数据思维一般经历数据采集、数据分层抽样、数据分析、业务场景决策四个环节。

事实上，数据思维之所以在目前商业社会中越来越重要，是由于随着互联网的不断发展和物联网设备的不断普及，人们活动的各种数据被有意识地存储下来了。数据的收集使得人类具备了通过定量分析数据实现更佳决策的基础。有很多业务场景问题，在以前都是属于"不确定的不确定的问题"，需要采用创始者自我认知系统的感性判定，但是今天这类问题都已经可以采取数据思维的方式来准确地加以判定了。随着计算能力和数据采集设备的不断进步，人类在搜索算法、欺诈监测、医疗诊断、物流链监测、推荐系统、软件错误识别、风险建模、消费者细分、机器人控制、文本分类层面的需求问题都已经被列入了"确定的不确定的需求"类别之中。

运用数据思维时，首先，要有抽样和全样的概念。

抽样是从欲研究的全部样品中抽取一部分样品单位，其基本要求是保证所抽取的样品单位对于全部样品具有充分的代表性。抽样是在数据采集、数据存储、数据分析、数据呈现技术达不到实际要求，或成本远超预期的情况下所采用的方法。抽样能够降低决策成本，但是也带来了新的问题。抽样是不稳定的，从而可能导致结论与实际情况之间差异非常明显。也就是说，抽样导致决策错误的概率是高于全样的。尤其是随着需求变得越来越碎片化，细分市场中消费者群体数量越来越少，对于抽样技术的要求也就越来越高，对应数据决策的容错率则越来越低。所以，数据思维的第一层应用是：在低成本的基础上，将抽样数据决策变为全样数据决策。这个过程不但能够提高针对这类问题的决策准确性,而且可以很好地构建起竞争壁垒。

例如,今日头条成功地将所有的阅读用户作为一个细分市场,通过全样本的方式来进行信息流推荐,从而改变了常见的内容频道的信息分类方式,极大地增强了用户的使用黏度。拼多多不但采用消费数据和浏览页面的方式来掌握每一个消费者行为和心理的个性化标签,而且通过社交团购的方式来激活同类消费者细分群体。在商业社会中,能够以低成本的方式进行全样数据决策是解决这类问题的关键。

"每一个消费者就是一个分类"

其次,数据思维要有证实和证伪的概念。

证实是以相关的事实、数据为依据,从而实现从证据到结论的逻辑推理。我们经常借助一项或者多项客观数据的存在来证明一件事情的真实性,从而为决策提供依据。但是,在使用数据的时候,决策者太容易被表面的数据关联所迷惑,在实际业务场景中做出错误的决策。

例如,在海底捞餐厅,消费者的平均等待时间为30分钟,为了更好地帮助商场吸引人流和增加购买,一般选择将海底捞放在商场的顶楼,同时给予海底捞大幅的租金减免。但是,实际上,由于海底捞优质的等待服务,等待用餐的消费者并不会利用等待时间在商场闲逛。也不是说,海底捞给商场带来的流量其实并不是有效流量。

所以，在数据思维中一定要有证伪的概念。卡尔·波普尔（Sir Karl Raimund Popper）在其著作《猜想与反驳》中提出了划分科学和非科学的证伪原则。任何科学理论都有一定局限性，超出某个范围就必须建立新的理论，原有的理论就被"证伪"了。但原有的理论还是真理，只不过是在原来的条件范围内有效，而不是"伪科学"。

在商业企业环境中谈到的证伪是指：在使用数据思维的时候，不能仅仅因为看到数据代表的现象没有被证明是错误的，就坚定地认为它是正确的。假设某医院内有250名某病症的患者，其中100人接受治疗后，病情得到改善，另外150人接受治疗后，病情没有得到改善。从这个数据来看，我们只能确定该医院对于该病症的治愈率是40%，但是我们不能确定该医院对于治疗该病症是否有效。事实上，在抑郁症治疗中安慰剂有效的概率是29%，在十二指肠溃疡治疗中安慰剂有效的概率是36%，在偏头痛治疗中安慰剂有效的概率是29%。

在商业社会中，由于只借助证实思考角度而导致失败的案例比比皆是。例如，莉莉丝游戏的CEO王信文在一次分享中提及了自己做的第一款独立游戏《炸潜艇》。他讲述了这一款由三人团队利用业余时间开发的独立游戏失败的经验：通过用户数据的反馈，他们得出了在手机游戏中采用虚拟摇杆技术不符合用户需求习惯的结论，但事实上在后期大火的手机游戏都采用了虚拟摇杆技术。在2014年的"刀塔传奇"游戏成功之后的一年多时间里，其团队看了1000多个项目，面聊100多个项目，签约加投资了11款游戏，总成本大概是1.2亿元。但是，这些产品总收入却只有不到 3 000 万元。我们有太多的企业领导者在经历了短暂的成功之后，匆忙地进行归纳总结，并且试图将这样的成功经验进行复制和推广，但是其结果往往是令人失望的。这就是仅仅借助证实的思考角度而不重视证伪的思考角度所导致的后果。从某种意义上而言，由于影响一个行为成功与否的因素很多，因此提炼"成功因素"或"失败因素"时发生错误的概率是极高的。过于关注成功者的分享其实意义不大，因为这些分享并不能提高你成功的概率。

"失败后反思的价值远高于成功后的夸耀"

1950 年，哥伦比亚大学的一位教授做了一个简单的实验，目的是研究人们解决问题的方法。

他要求受试者看一组数字：2、4、6，并要求他们找出其中的基本规则。这位教授将规则写在了一张纸的背面，请一位不可能串通的公证人员保存。然后请受试者试着说出下一个数字，教授则给出"符合规则"或"不符合规则"的回答。受试者可以无限次地尝试猜数字，但只能猜一次排列规则。当然，在整个过程中，受试者彼此之间并不知道别人的答案。

大多数受试者选择这样破解规则：他们在 6 之后给出下一个数字 8，教授回答"符合规则"，然后他们又在 8 之后给出数字 10，教授回答"符合规则"，接下来是 12、14、16……教授的回答均是"符合规则"。在这样的证实下，受试者信心满满地总结出了规则:"每一个数字都是在前一个数字的基础上加2"。然而出乎意料的是,教授告诉他们,规则并不是这样的。

当时参加实验的233名受试者中只有一个人没用这样的方法。他首先试了4,教授说"不符合规则",然后是7,"符合规则"。这个学生又用各种数字试了一阵子,包括-24、9、-43等等。显然,这个学生有一个想法,而他在努力证明自己不对。最后,直到他再也找不到反例了,他才说:"规则是下一个数字必须大于前一个。"公证员打开写着规则的纸条,原来,规则正是这么写的。

这是个真实的故事。故事中的教授是本杰明·格雷厄姆。而那个学生,正如你所知,他的名字叫作沃伦·巴菲特,当时他即将硕士毕业并前往华尔街。

在商业社会中,利用数据思维解决问题应该是大胆假设,并努力证明它是错的,直到找不到反例,才可以基本认定方法是有效的。而不是相反——随便做出一个假设,接着努力寻找可以证明自己正确的证据。如果每次试错都能了解到什么是行不通的,那么渐渐地就接近有效的解决方案了。这样,每一次的努力都变得更有价值,更像是投资而不是成本。

最后,数据思维要有因果和相关的概念。

研究变量之间的相关关系主要从两个方面进行:一个是相关分析,即观察统计指标量化变量之间的相关程度;另一个是回归分析,在回归分析中不仅仅刻画相关关系,更重要的是刻画因果关系。

在数据搜集成本较高的年代,大家总是相信因果关系,而不认可其他关系。源于数据抽样理论,因果关系的得出一般要经过如下几个步骤:

(1) 在一个抽样样本中,偶尔发现某个规律;

(2) 拿到另一个更大的样本中,发现规律依然成立;

(3) 在能见到的所有样本中都检验一下,发现规律依然成立;

(4) 得出结论:这是一个必然规律,因果关系成立。

"澳大利亚的黑天鹅不是这么想的"

因果关系是一个非常不稳定的关系,"有因必有果"的结论也非常武断,在大部分情况下这种关系是错误的或不合时宜的。

在商业社会中,因果关系不但证明的成本极高,而且应用的时空条件也极为苛刻。在商业社会中,企业追求的是成功的概率而不是确定性,只要采取了合适的风险对冲和组合投资的模式,概率上的微小提升就可以确保一个企业获得足够的利润。所以,对于商业社会而言,数据思维中最关键的关系并不是因果关系,而是相关关系。相关关系是指现象之间存在着非严格的、不确定的依存关系。这种依存关系的特点是:某一现象在数量上发生变化会影响到另一现象数量上的变化,而且这种变化在数量上具有一定的随机性。例如,很多男人去超市买了啤酒后会顺便买纸尿裤，但不是买啤酒就一定买纸尿裤。因此，啤酒销量和纸尿裤销量之间的关系不能算因果关系，而只是一种相关关系。同样，女孩子裙子的长短与经济荣枯之间、摩天大厦与经济危机之间都是一种相关关系，不是因果关系。

哲学家认为，世界是一个普遍联系的有机整体，现象之间客观上存在着某种有机联系，一种现象的发展变化必然受与之相联系的其他现象发展变化的制约与影响。事实上，我们很难有足够的能力来揭示两个现象之间的必然数量关系，也受到认知的局限而不能解释两个现象之间的依存关系，但是我们只要能够知道两个现象之间出现依存关系的趋势，就可以在商业上构建足够的竞争力。数据相关分析因其具有可以快捷、高效地发现事物间内在关联的优势而受到广泛关注，有效地应用于推荐系统、商业分析、公共管理、医疗诊断等领域。

"好读书，可不求甚解，亦可求甚解"

二、不确定的确定的需求

针对"不确定的确定的需求"最常用的方法思路是采用创新设计思维。创新设计思维是一种以人为本、目标导向的思维模式，也是一套实现创新设计的方法论和工具，使创新可以实现非线性流程化，是将设计思维与逻辑思维相结合的产物。帮助苹果公司设计第一款可量产鼠标的IDEO公司，就是创新设计思维的实践者。IDEO公司目前有员工约550人，涉足多个不同领域，如工程心理学研究、商业咨询、工业设计、交互设计、品牌沟通和结构设计等。美国广播公司（ABC）的《夜线》栏目有一集节目《深潜》，记录了 IDEO 公司如何在五天内重新设计购物手推车的全过程。从此，这种在需求目标已经非常清晰的前提下确定需求形式的思考工具引起了重视，而且形成了很多相关的课程。

IDEO 公司详细记录了不断解决"不确定的确定的需求问题"的要点：

首先是换位思考。创新设计流程总是由了解终端用户开始，专注聆听他们的个人体验和故事，悉心观察他们的行为，充分了解设计所服务对象的感受和需求，从而揭示隐藏的需求和渴望。

其次是实验主义。创新设计流程需要迅速生成一个简单的原型，在这个原型的基础上不断地进行产品迭代。原型能够使群体快速地从感性的认知进入理性的思考层面。

再次是擅于合作。创新设计流程为了满足需求，需要负责一个产品从设计到生产、从生产到交付使用的全流程，而在团队中每个人的角色和擅长的领域并不相同，为了更好地完成交付全流程，团队成员需要掌握一些原则性的配合方式和讨论规则。

最后是乐观主义。创新设计流程要求在团队内形成"无论问题有多难，都要相信至少有一个潜在的解决方案优于现行方法"的氛围，坚信在交付产品之前的每一次尝试（包括失败的尝试）都是有意义的。

让我们将创新设计思维从产品设计层面剥离出来，通过更底层的角度来理解创新设计思维的理念，从而帮助我们解决"不确定的确定的需求问题"。

首先，创新设计思维最重要的是具有同理心。实际上，在非常多的商业问题解决过程中，用户并不具备清晰表达自己需求的能力或意愿。解决绝大多数这类商业问题的关键在于更好地理解用户的需求，感知他们的需求。也就是说，需要方案的提供者站在当事人的角度和位置，客观地理解当事人的内心感受，并把这种理解通过产品方案的形式进行阐明，这就是同理心。

同理心的获得是需要一定天赋的：有些人在论及别人处境的时候会非常容易产生同理心的心态，但是也有一些人无法和别人很好地产生共鸣，他们虽然能理解他人的处境，却没有相应的情感反应。把焦点放在别人的福利、利益与需求上，不断融入共同的价值观，暂停批判的心态，利用有效的谈话技巧，适当地使用自我披露来建立连接的方式，能够帮助一个人提升自己的同理心。

笔者想为自己的进化课程设计一个标志图案，此时的需求目标是非常清晰的——笔者想要介绍一种高阶学习方法论，同时想要将这种高阶学习方法论的实践应用，也就是如何快速对商业社会进行本质观察的角度介绍给学员。所以，笔者的需求目标是"知行合一"。

一位非常有创意的设计师完成了这一标志的设计。她首先对"知行合一"的需求进行了重新感知，通过她的同理心来得到客户的真实需求。当她真的了解了笔者的需求后，提出了采取默比乌斯带（Möbius strip）的形式来解决如何表达"知行合一"的问题。默比乌斯带是一种拓扑结构，它只有一个面（表面）。把一条纸带旋转半圈再把两端粘上，就可制作出一个默比乌斯带。这位设计师运用同理心深刻感知到了"知即是行，行即是知"的需求，而且根据这个需求联结到了新的形式，将一个新的形式应用在不同的领域中提出了新的方案，并通过这个新的方案解决了这个需求问题。

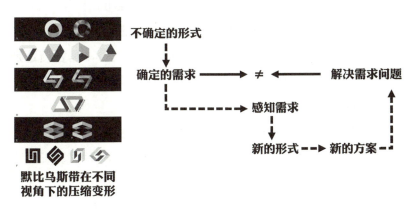

运用同理心解决需求问题的例子

所以，要想运用创新设计思维酝酿出能够很好解决需求问题的新方案，第一步需要提供方案者具备同理心，深度感知用户的真实需求；第二步要构建其他认知领域中的主体和当前真实需求的联系，这种联系对于绝大多数人而言是陌生的，而通过本质观察寻找到这种联系的行为就是创新；第三步是将这种联系具象化为产品或服务的原型，再不断地迭代进化，直到最后很好地解决这个需求问题。

 "熊彼特：创新是已有事物的重新组合"

其次，创新设计思维需要学会如何进行团队配合。事实上，由于需求代理方案需要全流程交付，在创新设计团队中每个人的认知系统结构是完全不同的，所以学会在这种团队中如何工作，掌握一定的原则是非常关键的。

在第五章"供给"中提及了需求碎片化导致的组织结构碎片化。事实上，这种创新设计小组已经成为主要的业务单元形式。为了确保这种业务单元能够成功地解决问题，需要梳理清楚这类业务单元的结构，了解业务单元的工作原则，并提供业务单元的工作环境。

这类业务单元的成员来自不同行业，行业之间要求比较分散，要求有一些和业务需求完全不相关的领域的专家参加，这样才有可能激活未来新的需求形式。这类业务单元的参与者虽然都是各个领域的专家，但是进入小组后要去除专家的称谓。要在业务单元中建立起没有等级的组织架构，防止因森严的等级关系导致信息的损失。业务单元的每个参与者都要掌握创新设计思维的步骤规则：从换位思考再到实验主义。

这类业务单元的成员需要掌握小组讨论的基本规则，在讨论中具备开放心态，倾听不同领域人士对于同一个问题的不同看法。在讨论中要具备快速反应的能力，通过自己的观察角度和其他人的思路互相激活。在讨论中要保持永不批评的态度，要认识到：往往真正创新的方案都是来自跨界领域。在讨论和实验中，要能够容忍犯错，因为犯错至少告诉我们这个方案不可行。

这类业务单元要在企业组织内部建立彼此信任和信息开放的文化。当面临创新时，信任能够让人们尽早承认问题，以便及时纠正或者请求援助，此时信任不仅仅来自胜任力和信赖度，更需要一定程度的开放。开放和直面问题更能够建立信任，企业领导者必须尽可能地使信息透明化，与团队成员分享信息，由此赢得的信任也使得团队成员更愿意与领导者分享信息。企业要使业务单元在采取具体的行动之前有足够的时间去进行透彻的思考，要给予业务单元宽松的工作空间。企业要明白：没有什么管理行为比支持一个全新的点子更加有力，也没有什么行为比拒绝给予资源更能够摧毁创新。

组织	原则	环境
· 不同行业	· 开放心态	· 彼此信任
· 没有专家	· 快速反应	· 信息开放
· 没有等级	· 永不批评	· 允许思考
· 懂得流程	· 容忍犯错	· 支持创新

创新设计业务单元的成功要素

最后，创新设计思维需要学会放弃。红杉资本的迈克尔·莫里茨（Michael Moritz）说过："一个公司的基因早在它最初的18个月就被决定了。此后，公司不可能再有什么大的改变。如果DNA是对的，它就是一块金子；如果不对，那基本就玩完了。"在信息周期律的影响下，行业平均周期已经被缩短到了3～5年，对于组织而言，在创新设计中，如果一个产品或者服务方案在一年半的时间内无法取得关键性的增长，那么对于这个产品或者服务方案最好的处理办法就是放弃。在中国，每分钟有2家企业倒闭，4 000万家中小企业，能够存活5年以上的不到7%，能够存活10年的不到2%。企业组织的资源总是有限的，对于企业而言最大的成本并不是已经投入的资金和人力，而是对于未来趋势判断错误所导致的毁灭性打击。

"这是一个改革比改良更加适合的社会"

> 芬兰移动游戏巨头Supercell（超级细胞），拥有《部落冲突》《卡通农场》《海岛奇兵》《皇室战争》等全球热门游戏。Supercell的员工来自超过30个国家，不同地域文化的交流碰撞为其产品的创意灵感与全球化打下了基础。英文单词cell的意思是"细胞"，也代表着Supercell的结构特点：公司由许多小团队组成，它们有充分的独立性来决定开发什么类型的产品，聚合在一起后，就成为一个"超级细胞"。
>
> 其实，Supercell并非一路都是顺风顺水，也经历了不少的弯路，做过艰难的抉择。刚开始的时候，Supercell做的是一款叫作Gunshine.net的多人在线RPG游戏，他们认为跨平台的游戏服务才是未来，即玩家不管是通过网页、手机还是Facebook都可以参与。2011年，这款游戏的月活跃玩家数突破50万。不过，Supercell马上发现这样的游戏并不是他们想要的，特别是在进行手机版移植的时候，Gunshine

的操作方式根本不适合移动平台。于是，他们淘汰了正在开发的 Web/Facebook 游戏。

事实上，Supercell 在此后又淘汰了相当多的内部项目，例如《幽灵泡泡》和《混战大陆》等游戏。这些游戏在被放弃的时候，完成度已经相当高，但是 Supercell 坚持关闭了这些游戏，从而有更多的资源投入已经被验证更好的游戏之中。事实证明，他们的策略是相当正确的，到 2016 年 3 月，该公司旗下游戏的每日活跃用户人数已经突破 1 亿。

"放弃比坚持其实更需要勇气"

三、不确定的不确定的需求

针对"不确定的不确定的需求"最常用的方法思路是采用混沌思维。所谓的混沌思维，就是在面对与模糊事物相关的问题，无法收集到全部信息的情况下，利用自己的认知对这个问题进行观察，将这个问题放在底层角度和规律的层面上进行再构，从而得到问题解决方案的思考方式。

事实上，混沌思维就是在本书第一部分中提及的"主体""主体联系""系统"的问题观察方式。解决这类"不确定的不确定的需求"问题，需要采取以下的步骤从而得到解决方案：

（1）找到需要解决的问题或者决策方案中涉及的主体，将这些主体罗列出来，把握这些主体的特征和现况，针对单个主体发展的规律和未来趋势进行分析。

（2）观察这些主体之间的联系，找到这些主体之间的相关性和因果性，以及它们之间的并列和递进关系。

（3）将这些主体通过以上的关系联结组合起来，就形成了问题的决策系统，将解决方案或者决策决定作为一个新的主体引入这个系统中，预测这个系统会如何变化和发展。

（4）通过这个系统变化和发展的结果，可以验证问题解决方案或者决策决定的正确性。

具备以混沌思维解决问题能力的人，都能够用主体、主体联系和系统的方式将自己掌握的数据、信息和知识进行完全的涵盖，组成一个具有底层主体核心的认知系统。随着联结新的主体的过程，认知系统的应用范围不断扩大，当原有认知主体不能解释新的问题或者不能续洽新的主体的时候，原有的认知主体会崩溃，个体会采用更加虚拟的认知底层主体来构建新的认知系统，从而使得认知系统的适用周期变长、应用范围扩大。

为了实现认知系统中的"数据""信息""知识""思维"的"系统"联结，个体需要采用"刻意练习，正向反馈"的方式来不断学习，直到得到"顿悟"的感受，实现对外部感知的角度和对内部调用知识的系统由相同的底层主体构成，从而保证测量观察和认知处理之间的无缝衔接。

关于这种高阶学习的方法论，读者可参考本书第一部分中的详细的论证阐明。

至此，我们通过"形式"和"目标"的两个维度组合，将商业社会中的问题分为了"确定的不确定的需求问题""不确定的确

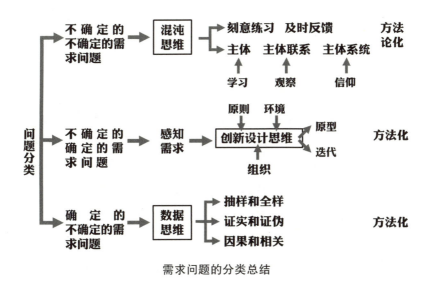

需求问题的分类总结

定的需求问题"和"不确定的不确定的需求问题"。我们必须强调：随着信息收集硬件和更强算力设备的不断出现，会有大量的"不确定的不确定的需求问题"转换为"确定的不确定的需求问题"和"不确定的确定的需求问题"。企业如果能够以较低的成本完成这样的问题转换，将会获得很强的核心竞争力。但是，我们也需要知道，能够用某类方法解决的问题，往往意味着有较多的人能够解决这类问题，掌握高阶学习方法论的人无论在什么环境下都是非常稀缺的资源。

解决问题

解决问题的方法有很多种，大体上可归为"人、财、物"

三个角度。"人"的角度，例如人员管理、员工激励、构建团队文化等；"财"的角度，例如投融资、财务分析、资本运作等；"物"的角度，例如用户分层、用户跟踪、用户交互等。

不过，这些方法的使用周期非常短暂。例如，在用户运营方面，用户流量的渠道转换的速度非常快，不仅仅是用户的渠道在变化，而且用户在同一渠道的使用习惯也在变化，所以用户运营的工作方法也在不断地变化。正是因此，在这一章中并不对涉及"人、财、物"的具体方法进行阐释。

我们还是回到人类社会竞争的核心竞争力角度来看如何解决问题。无论面对的是人的问题，还是财的问题，抑或是物的问题，在高度分工的社会组织中，其实都是沟通交流的问题。沟通交流的目的就是尝试和别人达成一致，使得别人具有和你一样的使命感和目标方向。当具备了说服别人的能力时，问题往往就迎刃而解。在第一部分，我们已经谈到了"人类未来的核心竞争力是说服"，也通过认知系统的构建方式解释了如何通过相同的底层认知完成逻辑推导，引导对方从已经建立的先验认知出发达成新的认知，从而使双方达成一致。

所以，在这一章，我们想进一步展开"说服"这个词，把如何具备说服能力进行具体化、场景化、应用化，同时又考虑到方法的适用时空周期，最后选择了"谈判"来进一步阐述。

之所以选择"谈判"，是因为说服过程最常见的场景就是谈判，谈判是通过合作的方式来分享资源，说服能力直接反映在最后的资源分配结果上。

之所以选择"谈判"，是因为这个学科变化的速度比较慢。

第六章 方 法

事实上，从 1991 年哈佛大学谈判项目组的《谈判力》(Getting to Yes)，到 2011 年斯图尔特·戴蒙德（Stuart Diamond）的《沃顿商学院最受欢迎的谈判课》(Getting More)，再到罗杰·道森（Roger Dawson）的《优势谈判》(Secrets of Power Negotiating) 之后，关于谈判学科的专业书籍很少。多米尼克·米斯诺（Dominick J. Misino）的《谈判致胜》(Negotiate and Win)、克里斯·沃斯（Chris Voss）的《掌控谈话》(Never Split the Difference) 之类的谈判书籍的内容都乏善可陈。而且绝大多数的谈判类书籍都是描述几个谈判的方法，包括如何构建谈判路径选择、如何准备谈判的最佳替代方案（BATNA: best alternative to a negotiated agreement）。但是，这些细节方法都是出现在谈判的过程中，谈判者学习掌握后并不清楚该应用在谈判的什么环节，即使学习了相关知识，在谈判中仍是手足无措。更有意思的是，这些谈判书籍中的观点差别很大，例如关于谈判是人还是事重要，本段所举头两本书的意见就并不统一。

之所以选择"谈判"，是因为这方面学习后的收效非常直观，通过掌握谈判原则、确认谈判类型、学习从谈判前准备到实际谈判流程的技巧，很快就能获得实际的收益，受众的反馈非常好。

接下来，笔者将通过谈判价值观、谈判原则、谈判准备、寻找共同利益、谈判团队、开始谈判六个部分，完整地描述整个谈判过程中需要注意的事项和推荐使用的技巧。

一、谈判价值观

首先让我们明确谈判的价值观是：获得自己本来应该获得的，而不是获得不应该得到的。谈判不是榨取和压迫；在谈判中获得了超出自己应该得到的部分，在以后的场合会以其他形式进行偿还。

很多关于谈判的书籍将谈判分成了多次博弈和单次博弈。在多次博弈中，上述这种价值观很容易理解，因为短暂的分配不公平导致的是后期合作破裂。而在单次博弈中也需要注意，绝对不可以采取压迫性或者设局性的谈判方式。信息在当前社会中传播的速度非常快，所以即使单次博弈也绝不可获取自己不应该得到的利益。

记住：不要利用谈判方法去对他人造成伤害。你需要在使用这些方法的时候评估别人的承受能力，超出了对方承受能力的谈判结果是没有意义的，因为谈判后的毁约概率会非常高。

但是，也不要怀疑谈判的价值。谈判并不是操纵别人。虽然谈判和操纵都有可能让别人去做他们原本不会做的事情，但是操纵是一种在说服别人的过程中会对他人造成伤害的行为，而成功的谈判是说服对方去做有益于他们的事情。事实上，当达成了谈判合约后，双方都能通过合作受益。也就是说，谈判创造了价值，而不是以伤害别人为代价来实现自己的目标。亚当·斯密认为，交换出现的原因就是同一种物品对于不同人而言的价值并不相同。谈判者在进行谈判的时候，最重要的想法并不是"我能让对方给我什么"，而是"我怎样才能提供给对方一些既不会改变我的立场，但是又对他们有价值的东西"。

 "不要通过伤害实现目的，而是通过合作"

二、谈判原则

谈判中的原则一：当你直接反驳你的谈判对手的时候，对方自然就会奋起捍卫自己的立场。在谈判中不可以使用绝对压迫性的语言和行为，即使你处于绝对的强势地位。你要试着去理解谈判对手，只有更好地理解对手的立场和动机，才能更好地寻找到利益交换中对于同一种物品的价值认知差异，这是谈判成功的重要基础。与更具合作意识、更愿意解决问题的谈判者相比，对抗型的谈判者所能达成的交易只有前者的一半，获得的利益也只有前者的一半。

谈判中的原则二：不要想着和他们一样，保持差异自有价值，而且价值还会增长。为了更好地理解谈判对手从而达成合约，很多谈判者试图和谈判对方完全消除差异。事实上，在谈判中存在差异是很正常的事情，其实对方也并不期望你变得和他们一样；他们知道你和他们的不同，他们真正期待的是你能重视和尊重他们，这是一个微妙但却很重要的差别。有很多关于谈判的书籍特别强调谈判双方的文化差异，但事实上在长周期的商业谈判中，试着去适应别人的文化导致的文化疲劳反而会导致后期谈判中出现一些纠纷。

谈判中的原则三：当进行谈判的时候，请将人和事分开。

在谈判中应该采取立场目标式的策略。在谈判的初期应该设定自己谈判的目标，谈判的目的就是为了达到这个目标。很多人在谈判中由于受到情绪的影响，采取的行动往往和自己的目标相悖，因为他们在谈判中的注意力转移到了其他方面。不要想当然地追求谈判中的人际关系，谈判中的所有行为都应该明确无误地为目标服务，除此之外，其他行为都是无关紧要的，甚至会损害你的利益。当然，在谈判中维持一个好的"语境"还是非常关键的，双方关系比较密切的"高语境"能够帮助达成一致。为了避免双方由于利益纠纷过度而损伤"语境"，在谈判的时候一定要让双方理解事情和人是分开的，离开了谈判场景之后应该采取一些柔和的态度和方式来缓解"事"的影响。

谈判中的原则四：永远不要带着偏见进入谈判。当你和一个团队的代表进行谈判的时候，注意力应该放在团队的每个个体身上，而不是他们所代表的公司文化。事实上，人性是相通的，不同的文化造成的谈判风格差异的影响其实远比你想象的要小，信息化的传播已使很多文化都具有了趋同性。

谈判中的原则五：谈判只有合作与不合作之分，没有输和赢。谈判是一件非常微妙的事情，谈判过程中双方的感受可能比谈判结果更重要，在谈判结束后，一定要让对方感受到他们是这场谈判的赢家。谈判结束后要勇敢地承认自己犯下的错误，使得对方取得心理优势，这有助于提升下一次谈判的筹码。

谈判中的原则六：一场谈判，只有你说结束了，它才真的结束。在谈判中，无论对方说多少次"不"，多少次和你意见不一致，多少次为难你，通通没有关系。要始终锁定自己的目标（在不会给对方带来困扰的前提下），坚持不懈地集中精力来实现自己的目标，只要对方还跟你谈，这场谈判就还没有结束。

三、谈判准备

在谈判前的准备阶段，首先需要尽可能搜集双方的信息。借助公开的网络渠道是一个办法，但是最有效的办法是让对方告诉你。为了消除对方的戒备，应该主动进入对方的"势力范围"，选择在谈判前请谈判对方在他们楼下的咖啡厅喝一杯咖啡，这种做法能够极大的解除对方的压力，比较容易获得自己想要的信息。当然如果无法邀约的话，你可以采用"同行交流"的方式来获得，主动找谈判对手相同性质的企业或者上下游企业的人士进行交流，往往会获得非常关键的信息。

在信息搜集完毕后，对于比较重要的谈判，需要进行谈判的情景模拟。在情景模拟中，通过换位思考来寻找双方可能达成一致的交换区间，有助于提升谈判的信心。在模拟中明确自己的谈判目标是最重要的。目标就是我们离开谈判桌的时候得到的东西，在大多数谈判中目标仅仅只有一个。目标越清晰，跟对方可以交换的维度越多，达成你的目标的可能性就越大。在模拟中还需要搞清楚对方采取行动的原因，找到双方的主要差异性；此外，需要列一份谈判的准备清单，针对谈判的模拟设定一些关键性的谈判路径，找到自己的后备选择。

完成了以上的谈判模拟之后，接下来要确定谈判的类型。

事实上，谈判并不一定是公平的，而是有三种类型：优势谈判、平等谈判和劣势谈判。

对于优势谈判，采用的主要思路是首先进行规则设定，通过规则设定使得谈判自然而然地进入预想的局面。作为优势方可以合理地设定多方谈判、竞价集标等方式，在谈判的速度和效率极大提升的同时，直接获得竞争优势带来的利益。

不过，优势谈判并不常见，现实中往往是平等谈判，也就是说双方都有其他选择，但是如果合作后的利益分配是合理的，那么就采取合作行为。这种谈判最重要的是利用框架开展谈判，在这类谈判的关键要素中，参与谈判的人员和谈判者所运用的流程所占比例超过 90%，而谈判内容、谈判材料和专业知识所占的比例不足 10%，这和很多人的直觉是相悖的。在这类谈判的初期就要通过谈判的流程框架，针对不同的子目标设定谈判顺序，当谈判受阻的时候切换至下一个议程。优先通过框架对于后期达成一致和取得谈判优势是非常关键的。

当然，我们最不喜欢的就是劣势谈判，这种谈判一般看来毫无胜算。这种谈判最重要的是利用人的"一致性陷阱"，即利用对方的准则来获得谈判的公平地位。通过准确描述对方的准则，可以为自己带来非常多的意想不到的优势。每个人都有一套设定好的准则和正常框架，在谈判中找到对方的"一致性准则"，就找到了"控制"对方的方式，因为没有人希望自己被别人看成是虚伪的。

四、寻找共同利益

在谈判中一定要寻找到双方的共同利益，这是谈判成功的关键。所有的形式都只是为了更好地达成合作，而不是合作的本质。当谈判交换的物品总体数量增加的时候，双方对常见的谈判目标，也就是价格的敏感度将会降低，关系也会更加融洽，信任度会随之提高。千万不要在谈判桌上仅仅讨论一个问题，因为围绕一个问题的谈判往往会进入僵局，当你能够提供一些对于你价值很低但对方却非常需要的东西（如配送条件、付款方式、包装和保修期等），那么对方就很有可能在价格上让步。

在寻找共同利益的时候，找到谈判者的真正利益也非常关键。当谈判者的主要驱动力是个人利益的时候，在谈判中满足其个人利益就非常关键。例如，面对一心想在同事中树立威信的谈判人员，在谈判初期设定一个非常高的目标，然后做出主动让步的方式就能够很好地满足对方的真实利益。

五、谈判团队

基于以上的准备，我们开始组建谈判的团队。我们在谈判中需要有提供客观标准的人，提供客观标准的人需要搜集谈判中需要的技术标准、涉及的行业规范及类似场合的真实案例，通过客观的方式来设定谈判的框架和利益交易的大致区间。

我们在谈判中需要能够随时准备离场的人，因为没有任何备用方案的谈判注定会是悲剧，敢于离开的谈判者才是值得对方尊敬的合作者。

我们在谈判中需要能够寻求共同利益的人，他总是在试着理解对方的需求，甚至在谈判中为对方思考。这个人的存在能够保证无论在什么样的僵局下，都能让双方坐下来恢复谈判。

我们还需要一个永远不在场的人，即使最后的决定者就在谈判桌旁，也永远不能让对方知道谁是可以做决定的人。因为可以决定的人往往会在谈判中由于情绪偏离谈判的目标，或者由于无法承受谈判破裂的压力而做出让步。设定一个虚拟的类似谈判委员会的角色，更好地将谈判中的人和事区分开，能为谈判留下更多空间，避免谈判失误。

"谈判者不是决策者，决策者不是谈判者"

六、开始谈判

现在，我们终于要开始谈判了。影响谈判的要素有三个：谈判的人、谈判的场和谈判的事。

首先看一下关于人的要素有哪些技巧：

（1）关注对方作为一个人的情感和需求。开场白是："你最近一切都好吗？"

（2）建立和谈判者的私下联系，而不是交易型的联系。找到对方的兴趣爱好进行讨论是很好的"润滑剂"，但是这种沟通和联络不能与自己的目标冲突。

（3）适度地让自己亏欠对方一点，对方会从心理上更不愿意放弃这段关系。

（4）在谈判中要引导对方说话。永远不要打断别人说话。

（5）不要害怕提问，提问并不会暴露你的无知；相反，通过提问往往可以得到很多关键的信息。提问后的倾听要能够听出对方的表面内容和隐含情绪，并且思考这段话对于谈判有何价值。

（6）使用开放性的沟通方式，不要用陈述句表达自己的观点，而是以提问的方式表现出来。不要说"这不公平"，而是说："你觉得公平吗？"

（7）学会理解别人，能够移情从而理解对方，但是并不需要同情对方。永远不要争辩，告诉对方："我们虽然不知道，但是理解你们。"永远不要和对方争辩关于世界观的问题，因为我们进行谈判是为了实现自己的目标，而不是为了改变对方的世界观。

（8）学会谈判沟通的引导话术，在和对方谈判的时候首先需要重复对方的问题，重复对方所说的最后一个词或词组。

"我希望今年去度个假"
"今年度个假"

然后可以换一种形式对对方的语言进行反射，暗示自己已经理解对方的话语，鼓励对方接着发言。

"你的意思是……"
"我理解了你的意思是……"

接下来可以主动询问对方，引导对方从理性的描述进入感性的描述。

"你感觉如何？"
"你对你们公司的规定怎么看？"

当自己发言后，为了判定对方接收信息之后的反应，可以向对方提问，要求对方复述自己的话。

"你觉得我刚才说的流程如何？"

（9）面对对方羞辱性的言辞，永远不要生气，不要进行反击。对方越是卑鄙顽固，你越要心平气和。让对方产生亏欠心理也是谈判的一种技巧。

"不管你为什么骂我，我绝对不会骂你，因为我们尊重你"

（10）找出对方真正做出决定的人，虽然对方也很有可能设定了一个永远不在场的权威委员会，但是找到这个真正做出决定的人，影响他的情绪和认知是合作最重要的方法。

其次看一下关于场的要素有哪些技巧：

（1）场越大越难得到合作，一般需要将每一方出席的人数控制在五人以内。要求在场的每一个人都有发言的资格，才能使团队中每个人更好地扮演自己的角色。

（2）面对对方设定的环境，可以随时提出更换场地的要求。

（3）尽量使得谈判在自己控制的场域进行，使用的车辆和会议室由自己提供，这样能获得心理优势，对于谈判有利。

（4）除非真的必要，永远不要主动结束谈判，将场域关闭。

（5）要让对方觉得自己有能力离开这个场域，在谈判陷入僵局时需要忘记自己已经投入的时间和金钱。

（6）合理地利用时间限制来完成谈判，控制谈判的时间进度往往会有奇效。

（7）尽量获得进行会议记录的权利，重视每一次谈判的纪要复查。

（8）在重要项目谈判的时候，需要有一个人专门倾听和记录对方的发言并观察其表情。

最后看一下关于事的要素有哪些技巧：

（1）在信息对称的环境下，通过专业案例和业界标准，主动提出目标从而表达诚意的策略是最优的；在信息不充分的情况下，尽量由对方首先开出条件，有利于掌握谈判的真实价值区间；在信息不对称的情况下，如果对方同样掌握了这个原则，一定要求你先开价，那么提出一个远高于预期的目标是最优策略。

（2）在提出自己目标的时候，说一个特定的、看起来经过准确计算的报价会更有说服力，例如 6 574 元。

（3）永远不要主动提出中间折价的提议，因为提出了中间折价的提议后,谈判的空间就会固定在比这个中间折价更糟糕的区间了。

(4)学会做一个不情愿的买家,对于对方的第一次报价一般不要接受。当然,如果是在劣势谈判的情况下,这样的策略要谨慎使用。

(5)在谈判中做出了任何的让步,要立刻要求对方给予回报,并且记录下来。

(6)当谈判进入僵局的时候,引导至关于其他小问题的谈判上,而不要试图立刻在主要问题上分个输赢,为真正讨论这个问题积聚足够的人际润滑和场域能量。

(7)当谈判完全无法开展下去的时候,引入权威公正的第三方有利于谈判继续进行。

(8)团队的角色可以采用不同的态度,用"黑白脸"的方式来给对方制造压力。

(9)在谈判进行了一段时间,达成了阶段性协定的时候,可以提出一些看起来微不足道的要求来获得更多的利益。

(10)让步的幅度要一次比一次小,绝对不能做出比上次更大幅度的让步,尤其最后一次让步的幅度一定要很小。

(11)在谈判的初期可以设定一些不重要的目标作为重要谈判事项,掩盖自己的真实目的,以此来使对方做出让步。

(12)在谈判中要求对方尽可能地提供所有报价中的明细,然后通过和其他竞争对手的对比,逐项进行比价和谈判,最终锁定一个非常低廉的价格。

(13)在谈判中故意犯下一些错误,让对方觉得获得了很大的收益而匆忙结束谈判，达成有利于自己的协定。

（14）在谈判中利用对方的困境，或者制造困境，在达成一致的时候，突然提出更大的利益要求，利用对方无法离开谈判的困境，从而达成更有利于自己的协议。

（15）当在谈判中对方将自己的压力转移给你，应通过一些更优惠的条件来促使对方透露这一压力是否真实。

（16）在完成谈判后，一定要记得恭喜对方，并表达对对方的欣赏。

至此，我们完成了谈判价值观、谈判原则、谈判准备、寻找共同利益、谈判团队、开始谈判六个部分的学习。学会谈判对于商业人士而言是一种必备的技能。

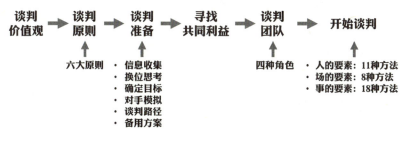

谈判的六个部分

忍受问题

德国心理学家沃尔夫冈·苛勒（Wolfgang Kohler）在《猿猴的智力》（The Mentality of Apes）中记录了著名的猩猩取香

蕉实验。他将饥饿的猩猩关在笼中，分别饿2、6、12、24、36和48个小时后，笼外远处放置香蕉，并在笼与香蕉之间放置数条长短不同的竹竿，每条竹竿的长度均不足以单独用来取到香蕉。猩猩必须解决的问题是：如何将两条竹竿接在一起以取到香蕉？苛勒发现，有些猩猩在几次尝试用单条竹竿取香蕉失败后，突然显露出领悟的样子，并将两条竹竿接在一起而达到了目的。这就是学习顿悟说的心理学派起源。不过，这个实验更值得我们关注的是，动机强度适中的猩猩以较大概率用正确的方法拿到了香蕉。

事实上，我们确实会面临即使认知到问题所在，但是没有足够的资源去解决问题的状况；也有可能在准确认知问题后采取了当时环境下的最优方案，但是仍然要面对令人崩溃的局面。问题的解决除了要很好地定义问题，更重要的是需要我们具备忍受问题的能力。

当一个人缺乏良好的心态的时候，在动机非常强烈的情况下，会丧失原有的认知水平，采用基于直觉的冲动的方式来处理问题，导致处理问题的认知水平急剧下降。这个时候，高阶学习的理论和方法步骤都被忽略，而直接进入情感冲动的不理性行为区间。

我们通过对自身和他人行为的观察，可以发现：保持好心态，处于正向能量状态，确实能够保持自己的思维认知能力。

在本书第一部分曾谈及实际学习操作技巧是"刻意练习，正向反馈"。这种学习操作技巧是源自对大量教育培训样本的观察，也得到了不同教育学习理论的支撑。我们同样发现：在

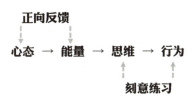

学习操作技巧

艰苦的学习过程中,需要不断的正向反馈刺激,才能帮助学习个体完成大量枯燥的刻意练习。

 "心态比能力更重要"

在商业社会中,保持好的心态,正确认知商业社会中解决问题的时间规律,是维持正常认知水平的基础。

首先,我们要正确认知商业社会中成功解决问题的概率。成立于 2005 年的美国著名创业孵化器 Y Combinator,先后孵化了 Dropbox、Airbnb、Reddit 等知名项目。该孵化器对于初选项目的筛选极为严格,但是在录取率仅为 3.25% 的情况下,仍然有 93% 的被录取项目会失败。

商业社会中成功的概率大概为 1%,而且这 1% 还是建立在自洽的逻辑体系、完善的认识系统、正确的观察角度的基础之上。这是在商业社会中忍受问题需要知道的第一件事情。

 "失败才是常态"

在如此高概率的失败压力下，从短的周期来看，在商业社会中存在由于方向一致的过度竞争所导致的恐惧和落后感；从长的周期来看，在流变的商业社会中存在无法把握方向的无力感。恐惧和无力的感觉往往极度压制了商业企业领导者和决策者正常认识水平的发挥。许多企业领导者和决策者试图避免这些负面情绪，从而帮助自己走出困境。

事实上，没人能够避免这些负面情绪，这是在商业社会中忍受问题需要知道的第二件事情。我们不能避免这些负面情绪，而只能找到方法来缓解这些情绪。

一个人面对复杂流变的商业社会，如果需要他解决的绝大多数都是"不确定的不确定需求问题"，如果这些问题没有成功解决的先例，很可能失败了就不会有第二次机会重新开始，那么没有一个人能够逃脱焦虑感和脆弱感。

"学会与焦虑、脆弱共存是领导者的必修课"

企业的进化过程一般分为四个阶段。第一个阶段是"无中生有"的阶段，在这个阶段，通过感知需求和供给分析得到一个创意的过程，并通过完全逻辑自洽的推导得到产业链相关资源的认可；第二个阶段是研发最小化可行产品的阶段，将创意进行具体的生产化落地；第三个阶段是产品方案不断迭代和验证的阶段；第四阶段是这个产品方案开始在消费者群体中传播的阶段。在前面三个阶段，焦虑感和脆弱感并不是很强，因为这个时候投入的资金和成本往往是可以控制的，但是当产品迭代完毕后进入市场大规模扩张的时候,如果没有认知到企业发展的规律,那么焦虑感和脆弱感会与日俱增,直到摧毁一个好的项目。

有非常多的项目领导者往往无法决定是否需要放弃一个一直没有任何起色的项目。关于是否需要放弃一个项目,我们可以结合两个规律来进行判定。

第一,观察这个项目的底层核心指标有没有增长。这个底层核心指标并不是销售额或者盈利,而是能够体现这个项目是否在正常增长轨道上的指标。如果这个项目的底层核心指标在增长,即使只是缓慢增长,那么这个项目是值得我们付出耐心的。

"合适理性的坚守是最好的投资"

第二,观察这个项目在底层竞争规律上的产业周期。通过观察到的产业周期来判定这个项目是否已经进入该周期的中后尾期,如果是,那么放弃这个项目是比较明智的。

我们一定要知道,在今天的商业社会中,由于多主体的博弈行为,对于一个企业而言,在其生命周期发展进化之中,绝大多数时期都是不盈利的状态,这种不盈利的状态是博弈后的竞争行为导致的。

在信息交换不充分的资本市场上,绝大多数好的项目和企业受到时空的限制较多,资本进入商业模式的机会成本非常高。所以,传统的商业模式一般由于前期的固定投入较高,这个阶段是亏损状态，但是随着用户数不断增多，可变成本的缓慢增加被收入的指数式增长所超过，在某一个盈亏平衡点后，企业将会一直处于盈利状态。

今天，在企业进化的不同阶段，资本的深度渗入导致竞争模式完全改变。在盈亏平衡点之后，企业经历了短暂的盈利状态之后，为了更快地扩大市场份额，利用时间和空间获得竞争优势，往往会进行大规模的投入导致又处于亏损状态，直到最后竞争者的资本链断裂并退出竞争市场后，企业才会迎来一个较为稳定的盈利期。

这是在商业社会中忍受问题需要知道的第三件事情：我们需要理性地面对亏损，这并不是决策的不正确所导致的，而是所有问题解决过程的必然经历。

以上的原则并不仅仅适用于商业决策，对于个人生涯的选择也是同样适用的。有很多学生在人生职业技能的选择上也存在同样的疑惑，对此的回答是这样的：

- 首先需要选定一个方向，这种方向在现代社会不是一种技能，而是一种素质能力的组合。
- 选定方向后不要轻易尝试更换，中断复利式增长后需要重新进行叠加。
- 素质能力的增长比什么都重要，增长的幅度并不重要。
- 要忍得住增长周期内的煎熬和无奈。
- 能够坚持走下去的重要保障是不断取得心态上的正向循环。
- 取得正向循环的前提是将自己未来的发展方向拆解为

若干个在时间序列上可以渐次实现的子目标。

在商业社会中忍受问题需要知道的第四件事情是:其实有很多问题我们并不能解决,而且不但我们解决不了,竞争者也可能解决不了。所有的问题可以分成"能够解决的问题""能解决但是要放一放的问题""当前没有解决方案的问题""完全未知的问题",对于不同性质的问题我们需要采用不同的心态对待。

按照问题 优先级解决	资源精力 有限
能够解决的问题	能解决 但是要放一放的问题
完全未知的问题	当前没有解决方案 的问题
保持敬畏	相信未来

不同问题的应对之道

如果把视野放到足够长的周期,正是传统企业的退出给新的商业模式留下了发展机会,正是成熟业务部门的缩减给新的业务方向保留了发展实力。正确地面对无法解决的问题,忍受问题,是我们在流变的商业社会中生存的必修课。

今天,信息的传播速度已经极大地消除了信息的不对称性,把握机会的方式是每个人通过认知系统不断的观察而获得的。所以,掌握高阶的学习方法论,掌握对商业社会本质的观察角度,已经成为每一个参与商业社会竞争者的必修课。

后　　记

　　我在十余年教学和投资咨询的过程中，积累了大量的样本感性认知，并通过对自我认知系统的持续锻造，提炼出了让学习更有效率的方法论和快速掌握商业规律的底层观察角度。这些内容在我开设的"进化密码"训练营和面向各大企业的培训课程中得到了受众的认可。我目睹了很多学员通过自我认知系统的构建完成了事业上的飞跃，也有很多学员从中找到了学习的乐趣，进入了人生的正向反馈区间。

　　因此，我希望完整地记录这些已经得到实证的方法论和观察角度。对于我个人而言，这是一次痛苦的过程。即使所有的内容都已经复刻在我的认知体系中，但是书面化的记录仍然是一个极其烦琐的过程。每一个人都要面对生活的琐碎，从酝酿到最后完成本书用了两年的时间，最后，我怀着极大的勇气，脱产两个月，完成了从记忆到文字的转换工作。

　　关于这本书的记录方式，因为其逻辑体系构建在针对大量个体样本的教学过程的基础上，所以我并没有采取学术写作的方式，甚至放弃了脚注和附录——这些对于本书的受众而言没有意义。在引用其他学科人士姓名的时候，为了避免不同的翻译可能导致的混淆，均添注了英文。这些人士都是各自研究领域中的关键性人物，他们的著作是值得读者进一步学习的。

关于本书的理论逻辑，我在书中辨析了"知行合一"和心学的差别，提及了人类进化正在从"物竞天择"转变为"物竞自择"，这些都不是为了彰显本书理论框架的高度，只是单纯的记录而已。对于"顿悟"的学习体验，虽然格式塔心理学的主要创始人苛勒的论证和实验记录更为严谨，但是并不妨碍本书采用另一种角度将其放入一个自洽的学习方法论之中。很多知识的研究可能在其领域中更为翔实，但都是从一个切面对读者提出建议，需要读者在没有相关实践的情况下，采用逻辑框架自行组合得到完整的问题解决方案，其失败的概率是极高的。为了提高读者使用本书的便利性，我放弃了非常严格的实证研究体例，而是采取框架式的系统结构，以方法论的方式完成了本书的写作。方法论主要研究方法建立的原则、方法之间的关系以及如何正确应用方法，对于所涉及的具体方法则没有进行详尽的解释。读者如果对某一些知识点感兴趣，可以进一步自行搜索学习。

关于本书的受众定位，市面上关于学习方法的书非常多，也有一些关于学习方法论的书。不过，绝大多数关于学习方法论的书，其实本质还是在讲学习方法，真正阐述一个人如何进入高阶学习的书籍是极少的。事实上，对于如何掌握学习方法论的需求并不多，因为出现这个需求的过程实在太折磨人了，在得到正确的引导之前放弃的概率是极高的。这就决定了本书的受众群体属于极少数，从商业价值来进行评估的话，并不值得投入。

但是，我仍然把它写出来了，因为亲身讲课的传播方式对于体力的消耗实在太大，而我也无意"垄断"我的这些认知发现。事实上，可能有一些人具有和我一样的经过实践检验的认知发现，只是他们并没有时间完整地将其记录下来。当然，我这么执着的真正原因是，我坚信这是未来教育的方向；这是一本写给未来的书。

感谢并祝贺你，如果你能完成本书的阅读，证明你已经进入高阶学习的需求阶段，已经超越很多竞争者了。

图书在版编目(CIP)数据

进化密码/关昊著.—上海:复旦大学出版社,2022.11
ISBN 978-7-309-15337-8

Ⅰ.①进… Ⅱ.①关… Ⅲ.①管理学 Ⅳ.①C93

中国版本图书馆 CIP 数据核字(2020)第 170088 号

进化密码
JINHUA MIMA
关 昊 著
责任编辑/戚雅斯

复旦大学出版社有限公司出版发行
上海市国权路 579 号 邮编:200433
网址:fupnet@fudanpress.com http://www.fudanpress.com
门市零售:86-21-65102580 团体订购:86-21-65104505
出版部电话:86-21-65642845
常熟市华顺印刷有限公司

开本 890×1240 1/32 印张 8 字数 166 千
2022 年 11 月第 1 版
2022 年 11 月第 1 版第 1 次印刷

ISBN 978-7-309-15337-8/C·402
定价:36.00 元

如有印装质量问题,请向复旦大学出版社有限公司出版部调换。
版权所有 侵权必究